# Dla odmiany

STANISŁAW PYSEK PRUSIŃSKI

Copyright © 2019 Literally Literature
All rights reserved.
ISBN-13: 978-1-970090-11-6

Dla odmiany

Drugi tom:

Dla odmiany

Dla odmiany

**Coś nowego**

Twórz jak ci podyktuję rozum
Pisz co pod pióro naprędce wejdzie
Czasu masz mało
Pośpiesz się nim ochota przejdzie
Tak po literce we słowa serce włóż
Nie masz wyboru
Więc ciągle nowe słowa wiersza twórz.

Na dworze ziąb deszcz zamaszyście siąpi
Przelewa smutek na niezapisane kartki
I dziwny spokój bezbarwny osnuty ciszą
A nowe chęci twórcze w górze wiszą.

I stało się
Mądrości skądś nadeszła
Wskazówki wolno suną po zegarze
To będzie coś wspaniałe trudno wątpić
I stworzę to co pragnę i się odważę.

Pomyśleć tylko o czym pisać
Przytomnie z rzetelnością się wyrażać
Dobierać słowa proste z mocy własną
Tworzyć legendę prawdziwą i przyjazną.

**Hulać**

Żartować weselić się tańczyć
Biegać beztrosko czy dzieci niańczyć
I głośno wrzeszczeć później przytulać
Wcale nie znaczy że trzeba hulać.

Hulaj dusza nie ma piekła

To przysłowie czy to kupię?
Ten co przehulał nie swoje
To ma teraz wszystko w d...

To jest prawda najprawdziwsza
I wielką mądrość zawiera
Bo jak rządzisz bez umiaru
To ciało z duchem się spiera.

Dusza zechce do kościoła
Ciało chęci ma do baru
Jak pogodzić taką parę
Konsensusu znaleźć miarę.

Sytuacja jest napięta
Forsy nie ma idą święta
Żona chciała pierścionek
Co ma począć teraz Bronek.

Lepiej będzie się zagapić
Może nawet przy tym napić
Żona płacze próżne mrzonki
Bronek przepił dwa pierścionki
To tak łatwo jej nie przejdzie
I po kościach nie rozejdzie.

Już nie będzie się przytulał
Wszystko co dobre przehulał.
Hulać za co jak nie płacą
A nie płacą bo i za co
Pastor drapie się po głowie
Taca cienka jak piosenka
Od noszenia boli ręka.

Dla odmiany

Ale tak już musi być
Wójt za gminne musi pić
A komornik za zajęte
Żyto na polu nie ścięte.

A governor szeryf miasta
Proszę bardzo kasą szasta
I umila pracę w biurze
Robiąc czasem oczy duże
Ku wysokiej pięknej kurze.

A na murze ktoś napisał
Zabalujesz będziesz wisiał
Co to będzie aż się boję
Gdy roztrwonił ale swoje.

**Kogucie jajo**
Wyszedł kogut na podwórze
Zauważył jajo duże
Jest za duże jak na kurze
Głowi się kogut przy murze.

Wygląda na jajo końskie
Może słonia lub żyrafy
Myśli kogut zgarnę jajo
I schowam do swojej szafy.

Ukraść jajo ktoś zobaczy
Chyba jednak nie wypada
Zapukał kogut do okna
Poprosił o pomoc sąsiada
Ktoś powinien o tym wiedzieć
Raźniej będzie w dwójkę siedzieć.

Z okna wychyla się świnia
Z ryjem zagiętym w fają
Wydaje mi się kolego
Że to jest człowieka jajo
Na pewno nie kurze bo duże.

A może to koń zniósł jajo
Powiedziała świnia z fają
Takie rzeczy się zdarzają
Ale w lutym nigdy w maju.

Kogut pokręcił grzebieniem
Ogląda się za jeleniem
Jeleń z wrażenia zzieleniał
Za grube i za owalne
To nie jest jajo jelenia
Do widzenia!

Więc kogut z braku pomocy
Zaczaił się o drugiej w nocy
I przeniósł cichutko jajo do szafy
Nieopodal starej żyrafy.

A gdy już schodził z podwórka
Zauważyła to przepiórka
Po cichu się do szafy zakradła
Skrzydłami jajeczko obsiadła.

Minęły cztery tygodnie
Kogut zapomniał o jaju
Było tak ślicznie w lato
Kogut wychodzi na spacer
A z dala ktoś woła     tato!

Dla odmiany

Wezwano koguta do sądu
I w końcu się przyznał się bo musiał
Że wtedy tej pamiętnej nocy
To on ukradł jajo strusia.

I wtenczas się kogut dowiedział
Kto na jego jajku siedział
Przepiórka została mamusią
A kogucik tatusiem strusia.

Ale jaja wrzasnął kogut
Nie jestem aż takim frajerem
Już za późno jest na rozwód
I oddalił się skuterem.

**Koniec i basta**

Koń się wkurzył koniec basta
Wyprowadził się do miasta
Niech chłop ciągnie pług na wiosnę
I obrabia pole latem.

Wiele nocy koń nie przespał
Czasami oberwał batem
Wyprowadził się do zoo
Postanowił to i O.

Chłop rozpłakał się po cichu
Co mu teraz po ciągniku
Teraz nie stać go na ropę
Sprzedał ciągnik spalił szopę
Upił się i śpi pod płotem.

Ciągnik zniknął nie ma konia
Chłop zatrudnił teraz słonia
Słaby to robotnik rolny
Chociaż silny ale wolny
Jedna skiba w cztery dni
Chłop za pługiem tylko śpi.

Słoń też brzydko się zachował
Zgarnął dniówkę zrezygnował
Znikła z pola dyni kopa
Przypadkowo objadł chłopa.

Kto pociągnie teraz pług
Bo każdemu teraz zwisa
Może by tak wynająć do pracy
Lwa lamparta czy tygrysa.

Zgłosił się tygrys łysawy
Może ciągnąć nie ma sprawy
Przypięty do pługa hakiem
Śmiga po polu zygzakiem
Co się stało któż by zgadł
Zwierz się zmachał i padł.

Umarł rolnik szkoda chłopa
Kto tu winie koń czy ropa
Słoń czy lampart czy ciągniki
Pewnie winna temu Runia
Może wina Ameryki
Albo trochę Australii
A żeby to diabli nadali.

Dla odmiany

## Dyktando

By pracować trzeba spać
Być odważnym w piłkę grać
Trzeba z żoną w zgodzie żyć
Żeby trzeźwieć trzeba pić.

Nosek w górę podkręć wąs
Niechaj z buźki zniknie dąs
Gdy chcesz zawsze młodym być
W dzień pracować w nocy śnić.

Minął kwiecień nadszedł maj
Było piekło będzie raj
Więc na spacer wybierz się
W lesie pobawimy się.

Daj buziaka nie bój się
Wczoraj dobrze dzisiaj źle
Po co kaskadera rżnąć
Lepiej zacząć w trąbę dąć.

Główka boli w płucach grzmi
Kumple zafundują ci
I natychmiast przejdzie ból
Dzisiaj znowu będziesz król.

To jest prawda że ten świat
To istnieje wiele lat
Jest wspaniały i wciąż trwa
Gdyś jest zdrowy wszystko gra.

Jeśli czasem jest i źle
Nie becz tak jak owca mee

Bądź uczciwy dobrze rządź
Żeby zgrzeszyć trzeba kląć.

Gdy zgrzeszyłeś byłeś zły
Pastor wyszczerzy na ciebie kły
Zrób pokutę i się zmień
Wszystkie złości wyrzuć w cień.

Palisz papierosy rzuć
Brzydko pachniesz dymem czuć
Bez nałogu musisz trwać
Po co masz się raka bać.

Żeby zgrabną gibką być
Musisz racjonalnie żyć
I wyginać się jak wąż
W przód do tyłu wciąż i wciąż.

W górę głowa podnieś pierś
Nie smuć się a ciągle się ciesz
Radość zawsze w sercu miej
Odrzuć smutki i się śmiej.

**Niedźwiedź śpioch**

Noc i ciemność dziwne głosy
Sroka drze się wniebogłosy
Zmrok już zapadł w lesie głucho
Niedźwiedź stanął na podsłuchu
Cofnął do tyłu do przodu
Przydałby się garniec miodu.

Nagle wrona się wydarła
Bo wiewiórka coś jej zżarła

## Dla odmiany

Zając zlągł się skulił uszy
Przerażony zęby suszy.

Skąd wziąć miodu myśli miś
Wczoraj nie pił oraz dziś
W głowie szumi w brzuchu burczy
Na żołędzie nie ma chęci
Myśli mruczy głową kręci.

Ula w lesie nie pośledzi
Pszczoły w lesie o tej porze
Pewnie chrapią aż do bólu
W ogromnym wygodnym ulu.

Misia z głodu aż telepie
I pomyślał miód jest w sklepie
Rankiem udamy się do sklepu
To za lasem niedaleko.

Przy okazji dla fantazji
Kupię misiom świeże mleko
I czekoladkę dla mamy
Ojej myśli znowu misio
I zawraca się od bramy.

Noc tak ciemna sklep zamknięty
Misio powrócił do jamy
Drzwi na skobelek zatrzasnął
Przykrył się kocykiem i zasnął.

Misio chrapie głośno stęka
Śni o garnku pełnym miodu
Do kocyka się przytula
Przesuwa do tyłu do przodu.

Nagle miś otwiera oczy
Wysoko do góry podskoczył
Patrzy przed nim beczka miodu
I własnym oczom nie wierzy
To nie sen jest i nie zjawa
Podejrzana jakaś sprawa.

Nagle misio się domyślił
Robiąc bardzo dziwne miny
Przecież dzisiaj jest pierwszy kwiecień
Dzisiaj jego urodziny.

Naokoło wszystkie misie
Głośną krzyczą    hura hura
Mama też przytula misia
Będzie więc wesoło dzisiaj
Jak się później okazało
Misio przespał zimę całą.

**Zdążyć na czas**

Chciałbym zdążyć na czas
Nie spóźnić się ani o sekundę
Gdzieś do niewidzialnego miejsca
Którego nie mogę sobie nawet wyobrazić.

Tęsknota do tego co nie istnieje
Czego może tak naprawdę nie ma
Przeradza się w uczucie pożądania
Które wynika z chęci poznania.

Tego w co można wątpić
Wizja lepszego świata

Dla odmiany

O którym nie wiemy
Co ma kiedyś nastąpić.

Pełzające myśli istot żywych
Zamknięte w szczelnej powłoce
Gdy już osiągają dziwny stan pełności
Nie tracąc poczucia wartości.

Zdążyć na czas tylko gdzie
Jak odnaleźć się tam
W nowym nieznanym świecie
Który często w wyobraźni mam.

**Reporter**

W ogromnym pośpiechu z czupryną rozwianą
W plecaku wciśniętą kamerą świetlaną
Niczym zjawa Harry Potter
Tak wygląda nasz reporter.

Ta panienka oczytana
Śpieszy gdzieś z samego rana
Zdążyła się w lustrze przejrzeć
Do tyłu i przodu obejrzeć
Leci dziś na obce włości
Robi to dla Wiadomości.

Dla Dziennika i Reklamy
Dla Bezpłodnej Damy
Co tam jeszcze co tu mamy
O gdzieś sołtys zjechał z ramy
Znów się poprztykali w Komie
Będzie dzisiaj w felietonie.

Stanisław Pysek Prusiński

Pisze że był dzisiaj chłód
Że do łyżew trzeba lód
Jak smakuje pszczeli miód
Coś o członku i o wzwodzie
O weselu i rozwodzie
Jak to koronkowa dama
Bawi się dziś w domu sama.

Biega pyta kombinuje
Rano w nocy o północy
Do Dziennika wszystko poda
Co się stało jaka moda.

Co skrzeczały dzisiaj wrony
Kto przez kogo postrzelony
Co prawdziwe a co jest zmyślone
Zapełniła całą stronę
Budzi się w nocy czasem spieprza
Kto popadnie to go opieprza.

Ciężka praca reportera
Że nieraz na płacz się zbiera
A niech weźmie to cholera
Gdy się trafi taki sknera
To jej tylko czas zabiera
A i czasem też się zdarzy
Że mu z prawej przyfujarzy.

Wczoraj spała z wojewodą
To dla niego z wielką szkodą
Ostro zagrała pannę młodą
A udając się na rampę
Od jego żony dostała w lampę.

Dla odmiany

Opisała wójta brata
Podobała jej się chata
W zawiasach dostała trzy lata
U senatora na błoniach
Zjechała na ziemię z konia.

Ciężka praca redaktora
Nieraz też bywała chora
Czasem i puszczają nerwy
Kiedy pienisz się bez przerwy.

Za granicą i też w kraju
Redaktorkę wszyscy znają
W Afryce na zdjęciu ze żmiją
Z pogryzioną była szyją.

Furorę zrobiła i porno ujęcie
Z gołą d... pastorowi zdjęcie
Wkurzony spowiednik stary
Rzucił na redaktor czary
Wyszła z tego sprawa cała
Cały tydzień się drapała.

A prezydent gdzieś w Olsztynie
Na ubojni liczył świnie
Taką jedną tam wypatrzył
Że po prostu się zagapił.

Niefortunnie spadł ze skrzyni
I przejechał się na świni
Znalazł się na pierwszej stronie
I długo tłumaczył się żonie.

Reportera ciężka praca

Ale umysł ubogaca
Ciężka trudna i mozolna
Jak gleba gliniasta orna
Dużo pracy mało zysku
I można dostać po pysku.

Trzeba umieć ludziom wierzyć
Z problemami ciągle się mierzyć
Trzeba wiedzieć gdzie uderzyć
Musisz również dobrze słuchać
Czasem milczeć nie wybuchać.

Wszystko powiedziałam panu
Dziś lecę do Afganistanu
Może gdy mnie pocisk trafi
Zostanę na fotografii
Myśląc o tym szlag mnie bierze
Że nie pytam ale leżę.

**Istnieć**

Wezwani do istnienia
Przez nieznane nam siły
Pojedynczo zespołowo zwinięci
W rulony przeplecione nadzieją
Chcemy coś dla siebie ukręcić.

Krętą drogą pełną cierni
I przepastnych czeluści
Pełzniemy zostawiając po sobie
Zgliszcza i spaleniznę uczuć.

Obarczeni ciężarem walczących myśli
O coś czego nieraz nie rozumiemy

Dla odmiany

Obrzucając się wzajemnie błotną zgnilizną
Pozbawioną jakiegokolwiek sensu.
Nienawiść zakodowana
Przeradza się w strach
I niweczy wielkie dążenia do celu
Dla osiągnięcia przeciętnej korzyści.

Często łamiemy wszelkie zasady normalności
Z punktu widzenia spraw typowo ludzkich
Gubimy się nie rozumiejąc nic z prawdy
Która została nam podarowana.

**Dobre myśli**

Myśl jest częścią duszy
Istnienia i ciała
Wiadomo jest niewidzialna
Myśl duża i mała.

Nie ma koloru i smaku
A nawet zapachu
Każdy myśli tak jak umie
Ludzie przyroda zwierzęta
Myśl jest nieobliczalna
Wspaniała i święta.

Myślenie nie ma początku
Środka czy też końca
W ciągu jednej sekundy
Jesteś w środku słońca.

Albo nawet daleko
Błądzisz po orbicie

Zatem to jest stwór wpleciony
W zwykłe proste życie.

Nie martw się
Bądź dobrej myśli
Gdy ci się we śnie
I coś złego przyśni.

Gdy odmroziłeś nosek
Może spadłeś z wiśni
Być może pomyliłeś drogę
Idąc po pijaku
Wszystko dobrze się skończy
Nie przejmuj się brachu.

Czasem to pomyśl wcześniej
Nie gazuj do dechy
Za ostro nie ścinaj zakrętów
Bo to nie są śmiechy
Czasem jeleń na drogę
Wybiegnie przez przypadek
Jak pofruniesz do góry
To uszkodzisz zadek.

Pomyśl zatem paluszka
Z daleka czy z bliska
Nie wsadzaj do rozgrzanego
Choćby paleniska.

Myśl zatem pozytywnie
A żony nie zdradzaj
Nie słuchaj się kuri
Nie doprowadzaj własnej teściowej
Do ogromnej furii.

Dla odmiany

Gdy cię koń w tyłek kopnie
I boli okropnie
Proszę przyłóż kompres
I usiądź przy oknie
Więc pomyśl teraz o czymś miłym
Zwykła twarda pało
Jak pozytywnie pomyślisz
Nie będzie bolało.

**Błąd na duszy**
Nie wiem nawet jak i skąd
I nikogo to nie wzruszy
Przypadkowo dziś odkryłem
Błąd na mojej dobrej duszy.

Jak to mogło się stać
Co tu robić strach się bać
Jak to będzie na tym względzie
Co się może z duszą stać
Skoro błąd jest w m... mać?

Czynię zatem miły gest
Duszo moja co ci jest
Co tam się w środku nie zgadza
Coś ci może tam zawadza.

Błąd się zrobił przez wybryki
Może gdzieś puściły styki
Albo nastąpiło zwarcie
Może nawet i przez żarcie.

Na odwagę siebie zmuszę

Stanisław Pysek Prusiński

Zapytałem swoją duszę
Czy tak bardzo teraz chora
Może potrzeba doktora.

Nabędę potrzebne zastrzyki
Zadzwonię do Ameryki
Przyślą antybiotyki
Bo gdy trzeba oznacza to mus
Powiadomiłem natychmiast ZUS.

Zadzwoniłem do rodziny
Pognałem do wójta gminy
Do pastora udać się muszę
Niech się modli za moją duszę.

W plecach mnie zaczęło boleć
Głowa zrobiła się ciężka
Tak zatrzęsło moim ciałem
I nareszcie zrozumiałem
Skąd na duszy powstał skrecz
Każdy chciałby błąd ten mieć.

Mam się martwić i to czym
Zakochałem się lecz w kim
Czy w sklepowej mojej sąsiadce
Może w Waleriana matce.

Powiedz duszo moja droga
Całą prawdę bój się Boga
Jestem zwykły chrześcijanin
Wymów imię mojej pani.

Dusza rzekła ależ skąd
To jest tylko zwykły błąd

Dla odmiany

Ja z kłopotów cię wybawię
I zaraz wszystko naprawię.

I minęło zakochanie
Drogie panie i panowie
W kim się wtedy zakochałem
Nigdy pewnie się nie dowiem.

**Szczęśliwa babcia**

Żeby to zrozumieć
Trzeba być babcią i się naumieć
Zdobyć experience przez długie lata
Nie trzeba radcy czy adwokata
Babcia się nie da ona potrafi.

I nie w teorii ale w praktyce
I w Europie czy w Ameryce
Babcia nad dziadkiem i babcia górą
Zajeżdża pod dom ogromną furą.

Pewna babcia z Europy
Znalazła się w Amcryce
Nazbierała kupę forsy
Że nie sposób jej policzyć.

Tylko się zadomowiła
Zaraz domów nakupiła
Pozbierała wszystkie typy
Pochowała w materace
Powiem prawdę niechaj stracę.

Babcia forsę w sejfie trzyma
Że aż blacha się wygina

Na okazję urodziny
A w sobotę do kasyna
W torbie flaszka i dwa wina
Pod sukienką sto tysięcy
A nieraz dwa razy więcej.

Siadła babcia przy maszynie
We wielkim bogatym kasynie
I po setce wrzuca w dziurę
Wrzuciła tak prawię furę
Bardzo mocno pogniecionych
Dolarów jak zawsze zielonych.

Babcia fason nieźle trzyma
Nie marudzi i się nie zżyma
Czasem trzepnie z gwinta klina
Chociaż późna już godzina
Choć na dworze trochę świta
Wrzuca kasę i nie pyta.

Wtem się rozległ krzyk na sali
Że aż wszyscy powstawali
Babcię w górę wyrzuciło
I od podłogi odbiło
Na żyrandol zarzuciło.

Co się dzieje hola hola
Babcia trzyma się żyrandola
Oczy jej wyszły z orbity
Bo właśnie w tej oto chwili
Bank w kasynie został rozbity.

Bóg dla babci był tak szczodry
Z maszyny sypnęły się kłodry

## Dla odmiany

Duża kasa co tu gadać
I jest o czym opowiadać.

Policzono babci kasę
Boss rozpłakał się tymczasem
Babcia dokończyła flaszkę
Osunęła się na ławkę
Co to zrobić z taką kasą
Takiej forsy wielką masą?

Więc nazajutrz wczesnym rankiem
Wszystka forsa na furmankę
Chociaż był siarczysty mróz
Cztery konie ciągną wóz.

Było tego sto miliony
Boss się gryzie jest wkurzony
Pocałował babcię w rękę
Rzekł     babuniu nie graj więcej.
Drugi raz się może stać
Zbankrutuję w m... mać.

Podjechała limuzyna
I z ochrony tęgie chłopy
Babcia Wiesia się udała
Do Polski do Europy.

Z Ameryki do Europy
To wiadomo nie jest blisko
Więc babunia zakupiła
Odrzutowiec i lotnisko.

Była to godzina trzecia
Poprosiła pana Miecia

By pilnował jej wygranej
W Polsce byli już nad ranem.
Upiekła Wiesława ciasto
Nie żałując przy tym maku
Następnie kupili Warszawę
I o trochę mniejszy Kraków.

Założyli też fundację
Udali się na wakacje
W Argentynie panna Wiesia
Przytulona do pana Miecia
Przy zapalonych świecach i winie
Czas uroczo i miło im płynie.

**Skarbonka myśli**

Miliony istnień zdarzeń i marzeń
Wplata się w szereg przeróżnych myśli
To co się stało może nastąpić
Co to jest teraz i co się przyśni.

Odkryć kosmicznych świata otworem
Skrytych dla oczu przez Boga ducha
Niechaj błagania istoty żywej
Może przypadkiem kiedyś wysłucha.

Planeta ziemia w wielkim kosmosie
Dumnie rozwiera ogromne oczy
Wraz ze świetlistym przejrzystym słońcem
W nieskończoności niezwykłej kroczy.

A na niebiańskich wielkich obszarach
Zmaga się kosmos ścierając z czasem

Dla odmiany

Coś co jest wielkie i wszechpotężne
Utrzyma w ryzach ogromną masę.
Bóg co jest stwórcą tego wszechświata
Stąd płyną prawa prośby przekazy
To co przychodzi do nas i rodzi
Naszego Boga i jest bez skazy.

Życie na ziemi to ciągła praca
To co buduje w pył się obraca
Powstaje budzi ciągle od nowa
I wszystko ginie i gołe słowa.

Zostaje wiara i chęć do życia
W wielkiej harmonii i z Bogiem bycie
To co minęło i co przed progiem
Żyjmy uczciwie i z Panem Bogiem.

**Dziewczyna we mgle**

Skąd znalazła się dziewczyna we mgle
O trzeciej nad ranem w krajobrazie?
Wielkiego miasta spowitego we śnie
Dziwnie samotna
Skąd wzięło się to dziewczę
Tak wcześnie?

Czy wyrzucona z domu
Może uciekła przed kimś po kryjomu
Załamana zakochana bez wzajemności
Ucieka od świata szarości.

Nieostrożna piękna dziewczyno
Może to czerwone wino

O wielkiej działaniem mocy
Wypchnęło cię w czar ciemnej nocy.

Coś bardzo złego
Dziwne we mgle dalekie odgłosy
Blond włosy na ramionach rozwiane
Postać dziewczyny znika nad ranem.

A może stojąc nad brzegiem rzeki
Zapragnęłaś odejść
Zanurzając się w nurt rwącej fali
By odejść do sinej dali.

Zamyślona niechcący pomyliła
Szlak brzegowy steczki
I wpadła przypadkiem
Do rwącej nurtem rzeczki.

Pytania pytania pytania
I brak odpowiedzi
Rodzina i wszyscy sąsiedzi
Ogarnięci wielkim smutkiem
Martwią się o pięknego blondasa
Wypatrują w mętnej wodzie
Jesiennym dnia chłodzie
Smutek zarazem i nadzieje
Że się dziewczę w końcu znajdzie
Zanim się ściemni i słonko zajdzie.

**Uprzejmość królewska**

Uprzejmy i prawy aż do bólu
Tak mówiono na dworze
O nowo wybranym królu

## Dla odmiany

Król był młody przystojny
Lubił porządek stronił od wojny.

Znany król na całą okolicę
Czasem odwiedził czarownicę
Nie bał się wychodzić wieczorem na ulicę
Gdy był w koronie czy w hełmie
Kłaniał się do poddanych bardzo uprzejmie
Nie używał karety chodził piechotą
I czasem gdy wdepnął w błoto za chatą
Sam buty czyścił szmatą.

Pewnego razu na obradach
Poprosił o rękę uprzejmie
Przypadkową panią senator
Z urzędu z pierwszego rzędu.

Na uczcie weselnej z uprzejmością
Podziękował wszystkim gościom
Obsypał złotem potem pożegnał pastora
Nie przewidział że żona jest nieuprzejmie chora.

Noc poślubna się odbyła
Za rok żona powiła syna
Cieszył się król uprzejmy
I królewska uprzejma rodzina
Ale wkrótce nieuprzejmość
Zakradła się do zamku przez wrota
I zaczęła się czarta robota.

Matka królowej we dworze
Spokojnie usiedzieć nie może
Młoda królowa wyprawia huczne bale
Nie liczy się z uprzejmym królem wcale

Dobrym i uprzejmym słowem na dworze
Nie wita i o zdrowie nie pyta
I nawet na obradach izby w sejmie
Nie zwraca się do króla uprzejmie
A gdy mąż na polowaniu z ranka
Pilnie wypatruje kochanka
Dwór naigrywa się nieuprzejmie z króla
A królowa żona ucztuje i hula.

Pewnego wieczoru
 Króla ogarnęła senność
Żona wrzuciła mu przez uprzejmość truciznę
Do kielicha z winem.

Król zwijał się z bólu
Ale dobra czarownica przybiegła
Z pomocą i wielką mocą
Uprzejmie uratowała życie jego królewskiej mości
Dworzanie wiwatowali z radości
I wydało się jak to się stało
I wtedy uprzejmość pękła w królu
Aż do bólu.

Królową wrzucono uprzejmie do lochu
Za karę na lat parę
Matkę panią królową na wieczne wygnanie
Za nieuprzejme podżeganie.

Pan zamku tak bardzo się zmienił
Nigdy się już nie ożenił
Bo przysiągł małżeńskiej wierności
I odzyskał wszystkie uprzejmości.

Dla odmiany

**Dojść do czegoś**

Dojść do czegoś w pewnym względzie
Starasz się coś z tego będzie
Może czasem nie wychodzi
To przeminie nic nie szkodzi.

Żeby czasu nie marnować
Trzeba po trochu spróbować
Mianowicie przy okazji
Popuścić wodzę fantazji.

Fantazjować lecz z umiarem
Tak zwyczajnie i na miarę
Przy tym wiary nie utracić
Poczucia czasu nie stracić.

Choćbyś poznał świata strony
Czy będziesz zadowolony
Co mogłeś osiągnąć zawdy
Używając w tym tylko prawdy

Osiągnięcia przcz cwaniactwo
Kopanie zwykłe maniactwo
Choćbyś tytuł miał doktora
To zyskasz miano potwora.

Liczne niecnoty przykłady
W osiągnięciach kłótnie zwady
Nie zapewnią ci spokoju
Ubabrasz się we własnym g...

Żeby więc osiągnąć spokój
Wejdź do środka zamknij pokój

Zapytaj siebie samego
Czy teraz na tę oto chwilę
Doszedłeś do czegoś?

A sumienie prawdę powie
Może radości przysporzy
Nowe plany już na przyszłość
Wspólnymi siłami ułoży.

**Lament choinkowej jodełki**

Jestem jodełką z wielkiego lasu
Leżę bezładnie na wielkim placu
Zostałam właśnie wczoraj wycięta
Na ludzkie święta.

Dzisiaj zostanę również sprzedana
Wzięta do domu pięknie ubrana
Gwiazdka zabłyśnie na moim czubie
Człowiek mnie lubi ja go nie lubię.

Pomyślisz zatem jestem szczęśliwa
To wręcz odwrotnie nie jestem żywa
Bardzo mi przykro że tutaj stoję
Wczoraj umarłam już się nie boję.

Tydzień tu będę czas szybko zleci
Później zasilę gromady śmieci
I wnet powtórnie umrę niebawem
To co mnie spotyka jest nieciekawe.

Przykro mi bardzo za tamtych ludzi
Ja to rozumiem to są ich święta
Dlaczego pytam się ja choinka

## Dla odmiany

Zostałam przez nich właśnie wycięta.

To ich zwyczaje proste pogańskie
Nazwane zatem jak chrześcijańskie
Niszczą przyrodę straszni wandale
I nie przejmują się prawie wcale
I w imię czego w imię miłości
Sprawiając również dużo przykrości
Miliony drzewek zadźganych nożem
To katastrofa mój Święty Boże.

Na takie święta naszej rodzinki
Mogą nam służyć sztuczne choinki
To jest przyczyną cywilizacji
Jestem choinką czy nie mam racji.

**Praca i relaks**

Czas do przodu się posuwa
Biegnie ciągle jak szalony
Dzisiaj pierwszy jutro piąty
Dni mijają i miesiące
Wiatry wieją świeci słońce
Początek się mija z końcem.

Człowiek tak się bardzo krząta
Co zbuduje potem zburzy
Więcej zburzy niż zbuduje
A pracuje coraz dłużej.

To istota posiadania
Przyświeca tak od zarania
Dotyczy to różnych dziejów
Różnych ludzi czarodziejów

Mądrych głupich oczytanych
W zachłanności niezrównanych.

Goniąc za pieniądzem złotem
Czasem zlany gorzkim potem
Odchodzi i we finale
Nie uzyskuje nic z tego wcale.

Co tam ziemia w niebie święci
Bardziej bywają zajęci
Tak przez cały miesiąc klęczeć
To się można również zmęczyć.

Kłaniać się i dobrze życzyć
Uśmiechać się i nie nabzdyczyć
Wszyscy jednakowo warci
Nie posłuchasz Bóg cię skarci.

Pięknie śpiewać w każdej porze
Każdemu zaś dobrze życzyć
Trzeba umieć więc przebaczać
I dobrze trzeba policzyć
W nocy być aniołem stróżem
Obowiązki bardzo duże.

**Użyć sobie**

W piekle życie nie wesołe
Ciągle praca gotuj smołę
Wszyscy źli i g... warci
Szatan bijąc jeszcze warczy
Wszystkie drzwi zablokowane
Ani biura ani ofisu
Nie ma pola do popisu.

## Dla odmiany

By na ziemi ulżyć sobie
Zrozumiałem wiem co zrobię
Bo w tym jest tak wiele racji
Życie zacznę od wakacji.

Na odpoczynek się zmuszę
Bo posiadam jedną duszę
Odpocznę trochę od faxu
Użyję kapkę relaksu.

Niech się teraz boss powścieka
Praca nie zając poczeka
Dodatkowa praca najmy
Nadgodziny owertajmy
Zrozumcie to zmądrzał chłop
Wykorzystywaniu stop.

Nie obchodzi mnie to wcale
Leżę słucham morskie fale
Czas mi płynie pięknie z góry
I podziwiam kłębiaste chmury.

Słuchajcie starzy dzieci młodzieży
Wnuczki robole i zbóje
Bo tak naprawdę legalnie
Każdemu relaks przysługuje.

Z mocy prawa i urzędu
W tygodniu i dwa dni z rzędu
Po pracy i po obiedzie
Odrzuć kosę zostaw pług
Relaks dla głowy i nóg.

## Osioł

Osioł jest to proste zwierzę
Zjada trawę smakołyki
Żyje zatem w Europie
W Afryce i na Arktyce
Można również spotkać osła
Gdzieś w północnej Ameryce.

Osłów jest rodzajów wiele
Są i trzeźwe i pijane
Charaktery mają dziwne
Uparte i zasmarkane.

Wojewoda stary osioł
Na wysokim gdzieś urzędzie
Całą kasę już wykosił
Nie przestaje grabić będzie.

Osioł wiejski osioł miejski
Choć niewiele może znaczy
Jest uparty głupi chciwy
A w dodatku i leniwy.

Gdzieś w Egipcie dawno osły
Różne rzeczy przenosiły
Służyły w gestapo Wehrmachcie
Pływając na statkach i jachcie.

## Bezduszny osioł

Pewien osioł z Europy
Z gdzieś zapadłej starej wiochy
Nie chciał ciągnąć panu pługa

## Dla odmiany

Stroił miny robił fochy
Kradł ze żłobu po kryjomu
Więc go pan wypędził z domu.

Doszedł osioł do granicy
Stanął beczy na celnicy
Więc mu dali owsa gryki
Wysłali go do Ameryki.

Ciągnie wózek osioł stary
Przez lat czterdzieści i cztery
Przez ten czas dostaje cięgi
Ale naskładał do renty
I wyrobił też papiery.

Teraz osioł już dorosły
Robi w konie inne osły
Oszukuje też oślice
Jest znany na okolicę.

Kupił dom przerobił w stajnię
Bierze kasę i jest fajnie
Myśli czasem stary osioł
Kto by mu tak tyłek ponosił
Już zapomniał wścibski osioł
Że pies teczkę za nim nosił.

Z dodawaniem ma kłopoty
Jak dodaje tylko sobie
Okradł kiedyś biedną babcię
Buchnął z głowy starą czapkę
I zeżarł babciną kanapkę.

A owieczki w jego stajni

Cierpią sprzątają i płacą
Czasem dziwne te rachunki
Tylko nie wiadomo za co.

Pewna owca tam mieszkała
Pracowała pomagała
Miła dobra chrześcijańska
Kiedy się wyprowadzała
Ten bezczelny stary osioł
Też depozyt jej zakosił.

Byłeś osłem będziesz osłem
W Ameryce w Europie
Pomyśl jedno uderz się w pałę
Na nic wszystko ośli brachu
Też kiedyś pójdziesz do piachu
I do grobu dziadku stary
Włożą ci sto trzydzieści pięć dolary.

Jeszcze czasy mogą nadejść
Nie zapominaj o jednym
Choćbyś wyżej tyłek nosił
Ale zawsze będziesz osioł.

**Pijus**

Pan niezłomny król młodzieży
Chrapie smacznie w rowie leży
Bez dowodu i paszportu
Beztrosko z prostego komfortu.

Mruczy coś głową porusza
Coś się dzieje coś nim wzrusza
A słońce spogląda spokojnie

## Dla odmiany

O czym myśli zwyczajny pijus
O domu szkole o wojnie
O żonie o pługu o długu
O barze zepsutej gitarze.

A może marzy o kraju wiśni
I stole nakrytym obrusem
Wszystko zniknęło zostało
Zabrane z butelki spirytusem.

Coś takiego się nie zdarza
To wina gospodarza i wstyd wielki
Na stole ani jednej butelki
Tak być nie może
A w środku pali kto tu pomoże?

Nagle olśnienie i radość wielka
Stoi przed panem wielka butelka
I jest za darmo nic nie kosztuje
Tylko wystarczy rękę wyciągnąć
I cel osiągnąć.

Niestety głupia sprawa wynikła
Ręka zemdlała butelka znikła
Wargi szwargocą i w buzi pali
W głowie coś pęka i świat się wali.

Oj nie jest dobrze pomyślał pijak
I znowu pada i w kłębek zwija
Już nie skosztował darmowej wódki
Oddech jest słabszy i coraz krótszy
I nie wytrzymał tak strasznej męki
Pozostał smutek twarzowej wdzięki.

## Czarna lalka

Dziwna nazwa koło nosa
Dwór potężny wielka fosa
Cztery smoki bronią bramy
Każdy z nich zaczarowany.

A na placu czarna lalka
Długa suknia białe włosy
Jest kamienna i nieżywa
Nad czarną fontanną się kiwa.

Władcą zamku był król stary
I królowa stara zrzęda
A kanclerzem dziwoląg
Zwykła menda.

Wokół ani żywej duszy
Wszystko było zaczarowane
W kątach zamku wyje straszy
W nocy w południe nad ranem.

A legenda zamku głosi
Tak tu było dawno cudnie
Wczesnym rankiem i wieczorem
A najcudniej to w południe.

Raz wynikła sprawa pewna
Do zamku zakradła się wiedźma
I rzuciła wielkie czary
Z młodego króla zrobił się stary.

Do zamku przyfrunęła kózka
Piękna panna dobra wróżka

Dla odmiany

Zamieniła czarownicę
Najpierw w czarną gołębicę
Gołębicę wnet w fontannę
W twardy czarny krzemień
Jak przysłowie głosi stare
Panna stoi tu za karę
Znosi wszelkie słoty chłody
Brzydka czarna bez urody.

**Cholesterol**
W biurze w polu na spacerze
Na pływalni w jadłodajni
Zadowoleni jest nam dobrze
Uśmiechnięci tacy fajni.

Przypominam mimo wszystko
Miła pani drogi panie
By tak od czasu do czasu
Wykonać typowe badanie.

W twoim wnętrzu krew czerwona
Może czuć się zagrożona
Nie przez krwinki jakiś fenol
Tylko przez cholesterol.

Cholesterol w takiej żyle
Bałaganu robi tyle
U męża teściowej czy żony
Cholesterol nie leczony
Niszczy serce ścianki żyły
Nie jest wcale taki miły.

Cholesterol masz przez zgagę

Pomyśl zatem miej odwagę
Nie używaj obcisłego dresu
Jak możesz unikaj stresu.

Nie darz się obficie trunkiem
Ostrożnie z kobiecym gatunkiem
Gdy za dziewczyną wodzisz wzrokiem
Cholesterol się nawarstwia
I przybywa z każdym rokiem.

Niby nic się i nie dzieje
Rano wieczór tak jak co dzień
I nie zdajesz sprawy z tego
Jak urasta twój dobrodziej.

Oddech krótszy tracisz siły
To już żarty się skończyły
Proszę niech cię to nie przeraża
Udaj się szybko do lekarza.

Lekarz na to coś poradzi
I badania przeprowadzi
Może pozna te przyczyny
Przepisze coś z medycyny.

Tak to bywa i niestety
Trzeba więc skorzystać z diety
Nie obżerać się tłustym schabem
Tylko łykać chudą żabę.

Tak zwyczajnie dla komfortu
Po prostu używać sportu
Skakać pływać wagę zrzucić
A serca nie bałamucić

Dla odmiany

I cholesterol wyrzucić cała wstecz
Choroba precz.
Dobra droga więc idź tędy
Nie posłuchasz wstawią stenty
I osłabiają bardzo ciało
A w środku będzie bolało.

Choroba tak zmieni ci maskę
Może nawet dadzą laskę
Ciężki oddech wolny krok
Dobrze przeżyć chociaż rok.

Ale tak się również zdarza
Że tak trzaśnie gospodarza
I aortę tak zaciśnie
Zamknie oczy i nie piśnie
Tak przez wstrętny cholesterol
Stracił życie młody Leon.

**Tatry i halne wiatry**

Biją dzwony szumią wiatry
W Zakopanem znikły Tatry
Obudzili się górale
Nie pośledzisz już gór wcale.

Gaździna oczy przetarła
Z wrażenia omal nie umarła
Janosikowi z udręki
Ciupaga wypadła z ręki.

Więc zebrali się górale
Coś takiego w karnawale

Pełni złości i nienawiści
Co na to powiedzą turyści?

Zero śniegu na wybiegu
Teren płaski aż łysawy
Olaboga wrzeszczy baca
Pogmatwało nasze sprawy.

Znikły skały i strumienie
Górskie kozy i jelenie
Strumyki przestały szumieć
Trudno to wszystko zrozumieć.

Tatry znikły w górze chmury
Żeby nie pokpiwać ciszy
Burmistrz miasta Zakopane
Wysłał message do stolicy.

Kłaniam się do serca Polski
I informuję uprzejmie
Żeby sprawę gór zniknięcia
Rozpatrzono dziś niezwłocznie.

Trzeba działać bardzo szybko
I ratować Morskie Oko
Dobrze było choć wysoko
A co teraz droga władzo
        Może nowe góry dadzą?

My nie chcemy nowych szczytów
Chcemy Tatry mieć z powrotem
To jest chluba naszych przodków
Zdobywana krwią i potem.

Dla odmiany

A w stolicy ci co siedzą
Udają że nic nie wiedzą
Chociaż problem jest ciekawy
Mają tam ważniejsze sprawy.

Tak minęło trzy tygodnie
Tatr ani widu i ani słychu
Więc górale się skrzyknęli
I pognali do Trąbeli
Była wielka manifestacja
I z Chicago delegacja.

Postawili swoje warunki
Proszę zwrócić nasze górki
Nasze lasy i strumienie
Obudźcie się miejcie sumienie.

Lecz Trąbela się wypięła
Postulatów nie przyjęła
Górale czasu nie tracą
Czas wojować bo jest za co.

A pomogła w tym natura
Pojawiła się wielka chmura
Wiatr zebrało tak do kupy
Aż na całym Zakopanem
Zatrzęsło góralskie chałupy.

I się stało co potrzeba
Tatry zjawiły się z nieba
I zostały z powrotem przywiane
Ozdabiając Zakopane.

Skutkiem działania tej wielkiej siły

Osiadły się tam gdzie przedtem były
Baca później się dowiedział
Kto za tą machloją siedział.

Z jakiejś tam dziwnej przyczyny
Tatry zakupiły Chiny
I przenieśli na wyciągu
Aż do dalekiego Hong Kongu.

**Zabroniony śmiech**

Nie przystoi śmiać się
A nawet nie wypada
Karcić smutne chwile
Jak płacz niewinny
Zagubionego w otchłani aniołka.

Uciecha nie pasuje
Jest niemoralna
Zmaga się ze skutkiem smutku
Porzuconego na zwykłej bezradności.

Śmieszność wprzęgnięta w stan dziwny
Zagubiona ironicznie odbija się w blasku
Panującej harmonii ukojonej
Poszarpanej w bólu tęsknoty
Jak niewidzialna koronkowa nić
Ewolucji zmiany czasowej.

**Cicho siedzieć**

Dlaczego masz siedzieć cicho
Gdy wokół panoszy się licho
Osiąga ogromne rozmiary

## Dla odmiany

A w kątach czają się mary.
Zasady więc w życiu są jedne
Nie wszystko co słabe jest biedne
A to co jest drogie bogate
Jak woń unosząca nad światem.

Dążenie do prawdy kosztuje
To dobro i miłość buduje
A prawda najwięcej jest warta
Wyniosła uczciwa uparta.

Nieznany jest pęd wielkich mocy
Ogromnym pierścieniem się toczy
Rozpala rozbrzmiewa i żyje
W ogromnych przestrzeniach się kryje.

Ta siła i wielkość pojętna
Nie może nam być obojętna
To prawda na życie się składa
W ogromnym błękicie rozkłada.

Choć bogatym być możesz
I królem cesarzem i chamem
To szanuj i kochaj poddanych
I nigdy im nie bądź tyranem.

Gdy życie doczesne się skończy
A ziemia się z niebem połączy
Jedna dla wszystkich jest miara
Zarówno nagroda jak kara.

**Koń i technika**

Bez ślubu nie ma rozwodu
A bez konia samochodu
Bez pierwszego drugiego rzędu
Prawda nie zawiera błędu.

Więc jasno z tej tezy wynika
To od konia się wzięła technika
Bo koń jest normalnie fizyczny
A jego następca techniczny.

Co się tyczy podobieństwa
Koń jest mocny od maleństwa
Ma głowę i cztery nogi
I lubi się trzymać drogi
I gdy nie dostanie owsa
Nie będzie w nim siła rosła.

A więc krótko mimochodem
Pędzi koń za samochodem
Przebierając kopytami
A samochód gna kołami
I również dla ruchu przyczyny
Używa do tego benzyny.

Dziewczyna śliczna na koniu
A w samochodzie pan w środku
Koń się przy drzewie zatrzymał
A samochód gdzieś i na płotku
Koń mechaniczny się psuje
Naprawa drogo kosztuje
A koń zwyczajnie pod lasem
Na trawie zielonej się pasie.

Dla odmiany

Ważny jest koń mechaniczny
Ale i ważny fizyczny
A mamy dowody niezbite
Fizyczny cię kopnie kopytem
Z mechanicznym nie przeginaj
Nie gazuj tak mocno on nie wie
Bo możesz zatrzymać konika
Na jakimś przydrożnym drzewie.

**Sumienie**

Sumienie to dziwne uczucie
Określa co dobre czy złe
Być może radości poczucie
Dotyczy i ciebie i mnie.

Sumienny to znaczy prawdziwy
Dotyczy rozumu wielkości
To może być sprawa ogromna
I może dotyczyć małości.

Okłamać przekręcić w rodzaju
To znaczy że zabrakło sumienia
Przekreślić co ważne jest w życiu
I nie dostrzegać znaczenia.

Co dobre i ważne praktyczne
Sumienne jak serce ci każe
Gdy jesteś naprawdę uczciwy
Nadzieję i radość okaże.

## Nielegalne przywłaszczanie

Powiem teraz słuchaj waść
Co to znaczy słowo kraść?
Proste tak jak każde inne
Napisane i zwyczajne
Bo gdy znajdzie się w praktyce
To po prostu nie jest fajne.

Ukraść to inaczej wziąć
A wygląda tak jak przydział
Tylko zrobić to w ten sposób
Żeby tego nikt nie widział.

Kradzieże zdarzają się liczne
Zespołowe pojedyncze
Kradną latem wiosną w zimie
Piechotą i limuzyną
Ten co tę czynność wykonuje
To mu złodziej jest na imię.

Z której by nie patrzeć strony
Giną żony telefony
Komuś dziś ukradli głowę
W nocy zwinęli teściowe
Komputery samochody paszporty
I leszcze z wody jeszcze
Złodziej młody średni stary
Zdarzają się przy tym ofiary
Giną ludzie forsa z banku
A złodziej wychodzi bez szwanku.

Są kradzieże wielkie małe
Z komisariatu ukradli pałę

Dla odmiany

Z werandy ukradli babkę
Cztery wina jakąś zdrapkę.
Taka mała sobie wioska
W środę zginął pluton wojska
Wzięli nawet kapitana
O szóstej z samego rana.

Teraz moda kraść i zdalnie
Złodziej odkrył twoje hasło
Pół miliona z konta trzasło
A właściciel tak się zbiesił
Że omal się nie powiesił.

A najprostsza to jest sprawa
Kraść legalnie z mocy prawa
Kraść ze wspólnej właśnie kasy
Sprzedawać ziemię państwową
I przywłaszczać to i owo.

Na złodzieju czapka gore
Trzeba zmienić prawo chore
Żeby złodziej nie miał prawa
To byłaby najprostsza sprawa.

**Chińszczyzna w kosmosie**

Olaboga co to będzie?
Kosmos został zagrożony
Ta wiadomość jak piorunem
Rozniosła się na świata strony.

Dziś podało radio fińskie
Amerykańskie polskie rosyjskie

Że wszystko co na świecie chińskie
Pojawiło się w kosmosie.

Dotyczy to rzeczy martwych
Płotów ogrodzeń ławek
A co to więcej ukrywać
Po prostu różnych zabawek.

Dowiedzieli się więc wszyscy
Ludzie wrony nawet kawki
Że w kosmosie pojawiły się
Nie rakiety lecz zabawki.

Nie rosyjskie nie niemieckie
Amerykańskie polskie czy fińskie
Ale takie tam zwyczajne
Wszystkie żółte a więc chińskie.

I to takim prostym ciosem
Chiny zawładnęły kosmosem
Bo ziemia jest z tego znana
Dawno chińszczyzną zalana.

Chińskie spece twarde głowy
Produkcja jednorazowa
Samochody długopisy
Suknie buty klipsy szelki
Okrągłe i kwadratowe
Ryby grzyby i butelki
Nawet plastikowe prosie
Wywija ryjem w kosmosie.

I zaczęła się gonitwa
Chiński garnek nóż i brzytwa

## Dla odmiany

Topór piła i siekiera
O miejsce w kosmosie się spiera.

Chiński program niedobity
Księżyc aż uciekł z orbity
Jak wszystkie zabawki spadły
I wszystkie kratery obsiadły.

Wytrzymał tylko godzinę
I wstrzyknął w żyłę morfinę
Pożegnał ziemię rodzinną
I uciekł w przestrzeni niewinną.

Taki sam los spotkał kurna
Też niewielkiego Saturna
Saturn otarł się o niebo
I zawadził Marsa drzewo
Tak obsiadły go zabawki
Że się speszył dostał czkawki.

Pozostałe też planety
Obraziły się niestety
Neptun skręcił w lewo ostro
I połączył z wielką Nostrą
Za pomocą szerokiej ławki
Napierają na zabawki.

A w Hong Kongu nie przestają
W kosmos ciągle wysyłają
Węże paczki kolorowe
Żółwie słonie białe konie
Niski plastikowe kołyski.

A co na to powie tato i mama

I Ameryka Rosja Niemcy Polska
Sytuacja ich przerosła
To już nie jest sprawa prosta.

Pentagon i NASA nie drzemie
Lecz ściąga sputniki na ziemię
Bo tu już jest zagrożenie
Wszyscy zbierają rakiety
A nie ma czasu niestety.

Problem też jest nawet wioski
Wziął się za sprawy Wolski
I doszukuje zamachu
Gdzieś na kominie na dachu.

Jedne wyjście jest z tej sprawy
To już nie jest do zabawy
Lada chwila runie kosmos
I zły nas czeka los.

Trzeba godnie się zachować
I zabawki adoptować
A żeby uniknąć rozgłosu
Ściągnąć zabawki z kosmosu
I podzielić po mniej więcej
Na wszystkich po bilion tysięcy.

Szybko więc forum zwołali
Produkcję Chin zablokowali
Stop z eksportem do kosmosu
Tak uniknęli ciosu.

Około sto lat to trwało
Ściągnięto produkcję całą

## Dla odmiany

I Saturn wrócił do normy
I księżyc jest na orbicie
A w kosmosie tak jak dawniej
Wróciło kosmiczne życie.

A całą matczysko ziemię
Rosyjskie lokum i fińskie
Pokryły różnego rodzaju
Barwne zabawki chińskie
I rojno wesoło i gwarno
Bo wszystko co chińskie jest darmo.

**Osiągnąć**

Osiągnąć stan w którym nie ma miejsca na strach
Przed jutrem być może przed następującą milą
Zatrzymać to co najpiękniejsze
Nie dać uciec stanąć w miejscu żyć chwilą.

Nie stracić tego co jest najważniejsze
I zgodzić się z czymś co nie ma sensu
To powinno trwać w nas to co jest pożyteczne
Czy stać nas na bezsensowną walkę
Z tym co wydaje się bezużyteczne?

Co stwarza tylko zagrożenie i unicestwia
To co jest naprawdę ważne
Wyjść naprzeciw wyzwaniom
Które buduje proste zwyczajne życie
Zrozumieć sens istnienia
Odważyć się stanąć twarzą w twarz
Z przeciwnością losu.

Oglądając się na coś co jest nam przeznaczone

I ofiarowane za darmo
Skąd wziąć energię żeby rozbudzić w sobie siły
I możliwości działania?

Poszarpane myśli kołaczące w sercach istot
Myślących obarczonych niezwykłą siłą ducha
Zmęczone dusze wytwarzają uczucie poznania
Wartości nieosiągalnych
Korzyści wynikających z sensu istnienia
Pogłębiając duchowe możliwości
Wykorzystujemy to i ulepszamy
Co zostało nam podarowane.

**Na wabia**

Stan nieważkości we wszechświecie
Żeby tak przenieść tu na planetę
Na naszą ziemię tu do obiegu
Byłoby lepiej a to dlatego.

Po co używać buty na nogi
Albo budować szerokie drogi
Wielkie budowle i fundamenty
Tracić pieniądze odkładać z renty.

To rozwiązanie byłoby lepsze
By wykorzystać właśnie powietrze
Nie trzeba dużo jakiegoś cudu
Znikają smogi i mniej jest brudu
Pływasz beztrosko na zwykłej orbicie
I lżejszy jesteś to samo życie.

Odpadły drony i samoloty
Kierunkowskazy znaki drogowe

Dla odmiany

Znikają bramy zagrody płoty
I w Europie i w Ameryce
Znikają również wszelkie granice.

Rwiesz więc na wietrze przecudną laskę
I na wakacje mkniesz na Alaskę
Dumnie podziwiasz z daleka ziemię
Czas płynie szybko bardzo przyjemnie.

Stadiony w górze drzewa i metra
Ciepły wiaterek chodzisz bez swetra
I lato w górze i zima w górze
Wszystko bezpłatne wierne naturze.

I wszyscy razem ludzie i święci
Bardzo radośni i uśmiechnięci
Czas stanął w miejscu i się nie zmienia
To właśnie skutki braku ciążenia.

**Nieskończoność**

W przestrzeni we wzorcach świetlanych
Czasowa przesuwa się zwarta zasłona
Odległa zamożna świetlista bezbarwna
Okrągła bezdenna zarazem płomienna.

Walecznym kordonem niebieska przejrzystość
Na niebie przyjaznym obliczem zadziwia
I zbliża i rośnie to ciągle oddala
Pokornie zaprasza i jasność rozpala.

Odmęty zuchwałe skaliste przedmioty
Miliony ogników na niebie się pasie
I równo kulisto z jaskrawością bystrą

Posuwa się w obłok jedwabny na czasie.

Jak nić pajęczyny wszechświat otacza
Bez końca początku jak w nicość obraca
Spękana harmonia trwającej muzyki
Szarpana jak struna galaktycznych myśli
A złota odmienność i wierność naturze
To co następuje nie zdoła się wyśnić.

Na rąbkach wszechświata i boskiej jasności
Maleńka się struga światełka przebija
Być może za słońca do naszej galaxy
Do portu małego jak statek zawija.

Zatarte marzenia jak boskie spojrzenia
Lustrzanym odbiciem wszechświata się tuczy
I kręci w ogromnych otchłaniach pamięci
Świat budzi się żyje zaprasza i nęci.

Wymogi wieczności jak zwroty rzucone
Rysują przedziwnej boskości koronę
Wymyślne popisy zawieszone z niebem
Dobrocią i pięknem gwiazdami upstrzone.

O żeby choć cząstkę nasz rozum pochwycił
By Bóg co świat ten stworzył nam więcej objawił
Minimum boskości i ziarenka prawdy
W sekundzie godzinie i w jednej rodzinie
Zachował nas jak najdłużej w tej jasnej krainie.

**Wymienialność**

Ciągłe zmiany rewolucje
Krzyżowe wyprawy podboje

## Dla odmiany

Rzymskie chińskie czy niemieckie
Zmieniły świata podwoje.
Ktoś tam wygrał czasem przegrał
Wielki dramat się rozegrał
Dopasował zaprzepaścił rzucił
Przeminął i nigdy nie wrócił.

To co nieprzewidywalne
Może być nieosiągalne
Granice absurdu limitu
Sięgają samego szczytu.

Myśli sprawy i poglądy
Wymieniające się rządy
Prezydenci i wodzowie
Urzędnicze całe mrowie.

Wszyscy fajni nienaganni
Ale tak szybko się psują
Na ich miejsce wchodzą inni
Jeszcze szybciej reperują.

Tak wymiana się rozrasta
Stara nowa demokracja
Kto dostąpi do rządzenia
Wszystko stare powymienia.

Skoro temat się poruszy
Nie wymienisz tylko duszy
Pomyśl lecz bardzo pomału
Bo duszę dostałeś z przydziału.

Dusza żyje w tobie właśnie

Dopóki osobnik nie trzaśnie
Do chwili gdy serce kołacze
Nie może być niestety inaczej.

**Nie brzęcz**

Nie brzęcz że wódka ci szkodzi
Narzekasz że źle ci się wiedzie
Że zamiast ciebie do Francji
Stefan z bezpieki pojedzie.

Popatrz na świecie jest wojna
A ty masz kasę na koncie
Że mógłbyś być teraz w okopie
I walczyć na obcym froncie.

A gdyby tak i wypadło
Gdzieś na zachodzie zasuwać
A sąsiad kumpel zza ściany
Miałby twą żonę po...

Nie stękaj że masz cukrzycę
Podagrę że nogi cię bolą
Podziękuj gdy coś cię korci
Nie sypnie ci w oczy solą.

A moje zarabiasz niewiele
I trzeba odkładać na raty
I okno masz zbite w pokoju
Że śnieg ci napada do chaty.

Pamiętaj gdy jesteś w kościele
A chodzi po tacy pastor stary
To nie jednego kolego

## Dla odmiany

Lecz dziesięć masz wrzucić dolary.
Nie zapomnij o prezentach
Bo niedługo będą święta
Kup pralkę porządną nie Franię
I nie brzęcz tak osa kochanie.

**Jesteś**
Proszę podrap się za uchem
By porównać ciało z duchem
Tak niewiele trzeba umieć
Żeby całą rzecz zrozumieć.

Jesteś tak istotą małą
Duch nawiedza twoje ciało
Choć byś o tym i nie wiedział
On w twoim wnętrzu będzie siedział.

W naszym ciele dużo wody
A naprawdę tak się dzieje
Duch jest w tobie zawsze młody
Bo się nigdy nie starzeje.

Więc rozwijasz się i basta
Równolegle duch dorasta
Ciało musi ducha słuchać
Choć nieraz stara wybuchać.

Czas upływa ciało słabnie
Panna nie wygląda zgrabnie
Gdy sześćdziesiąt lat przekroczy
To się trochę sponiewiera
Inne ruchy inne ciuchy

Nóżkami wolniej przebiera
Nie wygląda już jak łania
I mgiełka jej oczki zasłania
Uśmiech inny i spojrzenie
Niezdolne na uwodzenie.

A kawaler stary frajer
Łysa głowa lichy bajer
Brzuch wypięty ma do przodu
Głośno stęka braknie wzwodu
Głupi krawat ciuch wytarty
Chytry nieznośny uparty
I ciągle jest nienażarty.

Cóż buntuje się młoda dusza
Bo stary się ledwie porusza
Bo przyszłości tu nie widzi
Opuszcza go bo się wstydzi.

I ucieka bo ma rację
Stary idzie na wakacje
Ciche spokojne bezpieczne
Zwyczajne proste bo wieczne.

Czyś jest chłopem panem mnichem
Prowadź życie proste ciche
Z dala od wojny oręża
A będziesz zdrowy na ciele i duchu
Mój przyjacielu bracie siostro druhu.

**Wieśniak**

Pewien poczciwy wieśniak
Napisał swoje intencje

## Dla odmiany

Na białej kartce papieru
Żale życzenia pretensje.

Chłop był to religijny
I do kościoła chodził
Usiadł pod starym dębem
I ten dokument spłodził.

Mam prośbę Panie Boże
Wiem że wszystko zawsze możesz
A w polu ciężka praca
Aż nieraz się przewracam
I nie śpię na perskim dywanie
Jak mój spowiednik Panie.

Do tacy też dokładam
Co tydzień się spowiadam
I żyję zgodnie z wiarą
Jak raz opieprzyłem starą
Za karę w ramach pokuty
Przez tydzień ciasne buty.

Nie skarżę się nie szlocham
Ja Ciebie Boże kocham
Nie wiem co dalej będzie
Więc miej mnie też na względzie.

Przeżegnał się nieborak
Odmówił trzy litanie
I pognał bardzo szybko
Z tym listem na plebanię.

Pastor miło go przywitał
Zaprosił go do siebie

Ugościł kromką chleba
Obiecał że już dzisiaj
To pośle ten list do nieba.

Chłop bardzo się ucieszył
Lecz krótko teraz płacze
Nie wiedział że do nieba
Tak drogo kosztuje znaczek.

Minęło dwa tygodnie
Pan Bóg nie odpisuje
Chłop nie je i nie pije
I coraz gorzej się czuje.

I właśnie tej niedzieli
Gdy chłopek ledwo dyszał
Pastor przyniósł mu kopertę
Pan Bóg na list odpisał.

Chłop czyta list na głośno
I aż mu krwawi serce
Przykryty grubym kocem
Oblany zimnym potem.

Do chłopa :
Mam w opiece twoją duszę
Ale cię ochrzanić muszę
Ty zakuta wiejska pało
Od niedzieli stop z gorzałą.

W tą niedzielę do spowiedzi
Zobaczymy co tam siedzi
Dość kiełbachy i słoniny
Nie dotykać baraniny.

## Dla odmiany

Na kolanach masz od dziś klęczeć
I tak długo aż się zmęczysz
A używać możesz Zochę
Raz na miesiąc i to trochę.

Chłop przeczytał list i z końcem
Błagalnie spojrzał na słońce
Boże przebacz nie wiedziałem
Ale ja narozrabiałem.

Nie wytrzymał chłopek z roli
Dusza boli w głowie koli
Znalazł się w takiej udręce
Po prostu pękło mu serce.

Ramionami tylko wzruszył
Na bok lewy się przewrócił
I w tej niezwykłej potrzebie
Rzekł Boże idę do Ciebie.

I odszedł z listu powodu
Do nieba nogami do przodu.
Bo nie sprostał boskim nakazom
Wolał umrzeć i od razu.

## Sprawa słuszna

Dotyczy to wszystkich ludzi
Muzułmanów chrześcijan i pogan
Mamy tylko jedno ciało
Jaśniej rzeknąc znaczy organ
A w ciele niezwykłą duszę
Przekonywać więc nie muszę.

Ciało jest widoczne wzrokiem
Porusza się wolno i z podskokiem.
Czasem leży odpoczywa
Gdy się zmęczy różnie bywa
Tylko bez zwyczajnej duszy
Ciało nigdy się nie ruszy.

Żeby sprawę tak rozpatrzyć
Trzeba tego więc doświadczyć
Że jest duszek w twoim ciele
O tym wiemy bardzo wiele.

A oto przykłady liczne
Tąpnięcia śmierci kliniczne
Omdlenia i czarne dziury
Niezwykłe zdarzenie złe chmury
Ale to rzeczy nie zmienia
Z duchem trzeba w zgodzie żyć
Żeby istnieć znaczy być.

To nie jest zmyślona bajka
Bo kogut nie zniesie jajka
To od zniesienia jest kura
Obowiązuje kultura
I tego sprawa się ma.

Stąd wynika sprawy sedno
Bo kogut to ma dwa jaja
A kura ma tylko jedno
I wcale kurę nie prosi
I dumnie z jajami się obnosi.

Dla odmiany

**Nie mówię do widzenia**

Pewien gościu znaczy human
Gość normalny nie psychiczny
Żył zwyczajnie i miewał troski
Może trochę romantyczny
Wszystko w normie w niezłej formie.

Ma bicepsy prawy lewy
Czasem nieraz to marudzi
I wysila się niemało
I nawet by się wydawało
Gdyby właśnie się nie stało.

Nagle się zaczęło dziać
Gość się kiwa ciężko wstać
W środku coś go zabolało
Kręci głową głośno myśli
Coś tu nie gra w m... mać
Duch się wkurzył daje znać.

Słuchaj stary krzyknął z gestem
Jeszcze żyjesz bo ja jestem
W twoim ciele drogi kotku
Ale w sercu ciemno w środku
Będę musiał cię opuścić.

Myśli gościu nie przelewki
Gdy usłyszał tego ducha
Do doktora gna biedaczek
Ma słuchawki niech posłucha.

Bo czasu ma chyba niewiele
Trzeba ducha zatrzymać w ciele

Nie przelewki święty Boże.
Może doktor coś pomoże.

Doktor badał go niedługo
Oddech znika stygnie ciało
Nic choremu nie pomoże
Niewiele chwil życia zostało.

Na leżaku leży teraz
Podłączyli mu przewody
A do serca jakieś rury
Łypie ślepiami do góry.

W krtani świszcze w płucach dmucha
Duch błagania już nie słucha
Lecz szybko opuszcza ciało.
Do widzenia see you ciao.

Wtedy się zaczęło dziać
Chory zbladł nie może wstać
Chce podrapać się za ucho
Ale jak ma rękę suchą
Podnieść nogi już nie może
I łodyga już nie dyga
Trzęsie się jak galareta
Coś mu w oczach dziwnie miga.

I wyszeptał oczy w kole
Ja przepraszam i mam skruchę
Będę musiał się dogadać
Teraz ze swoim dobrym duchem.

I wyszeptał tymi słowy
Duchu nie jestem gotowy

## Dla odmiany

W domu żona i pociechy
Przepraszam za wszystkie grzechy
Za występki zwyrodnienia
Lecz nie mówię do widzenia.

Duch obrócił się na pięcie
Zrobił minę dziwną hardą
Przestań stary skomleć proszę
Tak naprawdę to nie znoszę
Całe życie z tobą byłem
I bardzo się tobą zmęczyłem
Choć jesteś może i niezły gość
Ale ja mam tego dość.

To już koniec myśli chory
On odchodzi nic nie słyszy
Może Pan Bóg go wysłucha
I zawróci jego ducha.

Panie Boże szepcze gościu
Może ciebie on posłucha
Bo ty jesteś dyrektorem
Spraw i pomóż bardzo prosi
Niech wejdzie znów w te ciało chore.

Pan Bóg spojrzał z wielkiej góry
Ulitował się nad biednym
Anioł dodał więcej gazu
Wylądował z wielkim piskiem
Pędził z nieba jak szalony
Że aż spalił dwie opony.

Duch posłuchał dyrektora
Zbliżył do transformatora

Włączył przycisk nadał power
I koledze wrócił bajer.

Choremu zadrżało serce
Uradował się tym wielce
I posłuchał kierownika
Już nie będzie więcej brykał.

Gościu teraz jest tak nowy
Ożywione jego części
Odzyskał częściowo siły
Nie marudzi i nie chrzęści.

Duch już rządzi w jego ciele
A roboty w środku wiele
Chodzi naprawia i sprząta
Całą dobę się tam krząta.

Koleś nawet się poprawił
Nie marudzi nie wybucha
Je lekarstwa łyka wodę
I żony się teraz słucha.

Pan Bóg to się nie da nabrać
Jak zechce to może zabrać
I pozbawić ciało ducha
Więc nie marudź i go słuchaj
Nie chowaj głową pod kołdrę
Sprawuj się grzecznie i dobrze.

To co doświadczyła
To napisała mądra osoba
Która to przeżyła
I to się może każdemu przydać

Dla odmiany

A udało się to widać.

**Trzymajmy się demokracji**

Nie narzekajmy nic się nie stanie
Grunt to dobre mieć mniemanie
I o bliskich i o sobie
Trzeba pofolgować trochę
W dzień pracować w nocy spać
I nie martwić w m... mać.

Nie jest tak źle łaskawa pani
To nic że się czasem chrzani
Może i zaboli głowa
Ktoś powiedział brzydkie słowa
Że wciągnęła pralka szmatkę
Koleś uwiódł nam sąsiadkę
Trzepnąć klina zagrać w karty
Nie martwić się stroić żarty.

Głowa w górę i na miarę
Kości młode i te stare
Kupmy w sklepic ser tylżycki
Bo podobno wzmacnia cycki
I interes nie zwiędnie
Życie przyjmujemy chętnie.

Chlebek żytni kromka cienka
Włoski w koka i sukienka
Odrzucić smutki precz
Cała do przodu i wstecz.

Jak do walca kibić ruszy
To przestaną boleć uszy

Puszczą nerwy i podagra
Tylko proszę nie bić szwagra.

Hola hopsa precz dziś z mopem
Dzisiaj się rozprawię z chłopem
Niech pracują niewolnicy
Bo to w naszej demokracji
Każdy swoje centy liczy.

Trzeba więc poprosić misia
Żeby nie pracował dzisiaj
Niechaj kasy też wybuli
I trochę dziecinkę przytuli.

Wydawało się raz panu
Bo narobił bałaganu
Po browarze trochę kucał
Wszystkich gości powyrzucał.

Panno matko i dziewczyno
Uważaj trochę ze szminką
Bo gdy kogoś pocałujesz
To niechcący oznakujesz.

Teściu zięciu i w dziesięciu
Dziś wieczorem na przyjęciu
Może gdzieś w Ambasadorze
O wieczornej pięknej porze
To na pewno nie zaszkodzi
A z reguły to pomoże.

Drogie panie i panowie
Marysiu Krzysiu i Rysiu
Pastor na pewno się nie dowie

## Dla odmiany

Bo on także po spowiedzi
Na browarze w barze siedzi.
I rozgrzesza tam pociechy
Chociaż sam popełnia grzechy
Wiwat wolność wiwat stany
Niechaj żyje kraj kochany.

**Przekazywać życie**

Przekazywać życie następnym
Po nas pokoleniom
Z wielkim trudem i nadzieją
Chociaż wcale nie jest łatwo
Siły braknie wiatry wieją.

To nic że czasem się wali
Pod nogami grunt się pali
Że los się inaczej potoczy
Że czasem coś w życiu wyskoczy.

Dopóki w sercach tlą się iskry nadziei
Wszystko się poukłada po kolei
Nie mija lecz bardziej rozrasta
I w nowe marzenia urasta.

Korony cierniowe na głowach
I w myślach i czynach i słowach
Jak zwyczajne niedoróbki
Grozę stwarzają i smutki.

Heroizm życiowy niech zjedna
Rozpędzi złe myśli i czary
Podniesie zgubione marzenia

W imię wszechpotężnej wiary.

I nowa jutrzenka nadziei
Świetlanym promieniem rozbłyśnie
I w sercach płomienie zapali
Niezwykłe wspaniałe magicznie.

**Jak powstał śpiew**

Śpiew to zwykła forma mowy
Pojedynczy zespołowy
Narodowy i światowy
Zespołowy rozrywkowy.

Ludzie teraz śpiewać umieją
Ptaki kwilą drzewa szumią
Lew zaryczy pies zawyje
Radość się za śpiewem kryje.

Matuś nuci nad kołyską
Dzidziuś wypił mleko wszystko
I nie śpiewa tylko mruczy
Ale wkrótce się nauczy.

Na weselach imieninach
Uroczystościach i chrzcinach
Płyną w eter pieśni różne
Twarde głośne wymuskane
A milkną nad samym ranem.

Kto wykonał pierwszy śpiew
Wiadomo że nie był to lew
Ale jakaś zwykła ryba
Może wnuczka wieloryba.

Dla odmiany

Human gdy się w lesie znalazł
Przypadkowo podniósł kamień
I upuścił go na nogi
Z piersi wydał okrzyk srogi.

Tak go mocno zabolało
Zadął w płuca z wielką siłą
I powtórzył kilka razy
Głośne echo się odbiło.

Tak mu się to podobało
Choć go nawet i bolało
Przez takie dziwne wydarzenie
Krzyk przeszedł na pokolenie.

**Śpiąca dziewczyna**

Nocka głucha ciemno wszędzie
Lampka światłem ledwie jarzy
Siedzi Pysek pochylony
Pisze wierszyki i marzy.

To przykład kolejnej lekcji
Wiersz ten wejdzie do kolekcji
I się najwięcej liczy
Bo to list jest do Tereski.

Odgoń wietrze wszystkie chmurki
Śpisz kochana czym marzysz
Masz na buźce uśmiech słodki
Typowy dla pięknej dziewczyny
Twardej silnej szybkiej modnej
Typowej na biedę odpornej.

Czego więc ci życzyć we śnie
A jest północ bardzo wcześnie
Byś we śnie się nie bała
I raniutko buzi dała.

Spoglądam na słodkie usta
Teraz w nocy i co dzień
Czy abym godny całować
Taki zwykły to dobrodziej.

Nagle usta się ruszyły
Wyszeptały Pysku miły
W środku nocy mój kochanie
Spać bo zaraz spuszczę lanie
Proszę też o nie chrapanie
A jak będziesz się trząsł drogi
To ci zaraz zwiąże nogi.

Pysek bardzo się wystraszył
I do śpiworka się zaszył
Bo z Tereską to nie żarty
Zwątpił chociaż jest uparty.

Teresko moja kochana
Śpij spokojnie aż do rana
Pysek wciąż o tobie marzy
Anioł stróż ciebie pilnuje we śnie
Proszę wyśpij się kochanie
I nie wstawaj bardzo wcześnie.

**Bariera**

Bariera i płotek

## Dla odmiany

To prawie to samo
Bo tatuś jest za synkiem
A córka za mamą.

Zależność rodzinna
Niczemu nie winna
Noc może dziś ciemna
A jutro znów widna.

Więc dziecko przedszkolne
Zależne od pani
Czy wódka jest winna
Że tatuś jest na bani?

Bariera coś dzieli
A nieraz zamyka
To coś się pojawia
Czasami znów znika.

Bo za tą barierą
I żyć jest niełatwo
Zabiera nam myśli
I rozum i światło.

Bariera oddziela
Cyferki od zera
Skąd zatem się wzięła
Ta dziwna bariera?

Zrozumieć barierę
To będzie najprościej
Gdy wpadniesz w zadumę
To usiądź na moście.

Lecz nie skacz do wody
Bo po co umierać
Gdy zrobisz odwrotnie
Zostanie bariera.

**Boże Narodzenie**

Wigilia nastrój świąteczny
Już dotarł Mikołaj bajeczny
Najświeższe są wiadomości
Bo Bóg się dzisiaj narodzi
Na zawsze w sercach zagości.

Mama tata z tej przyczyny
Oczekują dziś rodziny
I wielu wspaniałych przyjaciół
O siódmej możemy zasiąść pospołu
Do wigilijnego stołu.

To właśnie mama się postarała
Tuzin potraw naszykowała
Są grzyby i mączne kluski
I mleko od małej kózki.

To Bozia się dziś nam narodzi
I każdy o tym pamięta
Witamy Cię dzieciątko Jezu
W tak wielkie i roczne święta.

I kwiaty piękne na stole
Jest sianko pod białym obrusem
Będziemy się wspólnie radować
W Nowym Roku i z Panem Jezusem.

## Dla odmiany

A wszyscy co kiedyś odeszli
I ślady na ziemi zatarli
Żeby dzisiaj na wspólną modlitwę
Duchowo do nas dotarli.

Podzielmy się kochani opłatkiem
Uściskajmy gorąco z radością
I żyjmy jak można najdłużej
Dzieląc się chlebem i miłością.

**Mamy szczęście**

Noc ciemna zimna ponura
Wspaniały księżyc zza chmur wyziera
I światłem swym jedwabistym
Nad światłem się rozpościera.

Zmęczona i pogrążona ziemia
We śnie na tle kosmosu
Zamknięta w kopule czasu
Pozbawiona szelestów i głosu.

Gwiaździste niebieskie niebo
Wyświetlone gwiazdami radości
To coś co można przyrównać
Do wspaniałej dziewiczej miłości.

O Panie który stworzyłeś
To niebo co żyje nad nami
I swoim ogromnym skrzydłem
Sprawiłeś że nie jesteśmy sami.

Wiadomo życie nie pieści
A ci co do ciebie odeszli

Wiadomo że już są święci
Lecz żyją w naszej pamięci.

I różnie w życiu się zdarza
I codzienność kłopotów przysparza
A patrząc w gwieździste niebo
Uczucie i radość wytwarza.

Po nocy nastąpi ranek
Do pracy się trzeba zbierać
Być może gdzieś duch uleci
I przyjdzie ze świtem umierać.

To dobrze że świat już dnieje
I nowa nadzieja zaświta
A słońce wspaniałą ziemię
Świetlistym promieniem powita.

**Mizdrzałka**

Mizdrzyć się to ważne słowo
A wyraża to i owo
Można przy tym się uśmiechać
Robić miny kręcić głową.

Mizdrzyć gdy się mleko warzy
Na posterunku policji
W pracy na polu na urzędzie
Coś to zawsze z tego będzie?

Pacjentka gdy jest u doktora
Swoje mizdrzenie wyraża
Chociaż zdrowa mówi szeptem
I w końcu wymizdrzy receptę.

## Dla odmiany

Starsza pani trochę jędza
Mizdrzy się do młodego pastora
By odpuścił wszystkie grzechy
Bije się w piersi dla pociechy.

Mężuś mizdrzy się do żony
A gdy wraca podchmielony
Choć ukradkiem cmoknie w szyję
Mimo to oberwie kijem.

Na wybiegu panny w biegu
Mizdrzą się do publiczności
Pełne wdzięku i powabu
Zachwycają drogich gości.

Kasi nawet to mizdrzenie
To przyniosło nawet dziecko
Bo przypadkiem przed Felusiem
Wartko obracała kiecką
Dziś gotuje dziecku mleko
A Felek gdzieś uciekł daleko.

Przez taką mizdrzaną robotę
To Jolka straciła cnotę
Teraz to i nie żałuje
Ale nawet lepiej czuje.

Ziemia od początku bez końca
Wartko mizdrzy się do słońca
Gdyby tak się nie mizdrzyła
To by zawsze ciemna była.

Bo mizdrzenie to jest ważne

Równie nawet jak marzenie
Życie może nam ozdobić
I jeszcze się można dorobić.

Dbajmy o mizdrzenie śliczne
Praktycznie i teoretycznie
Mali starsi oraz młodsi
Bo mizdrzenie nie zaszkodzi
Więc mizdrzyjmy się kulturalnie
Swobodnie i proporcjonalnie.

**Błąd przy powstawaniu świata**

Myśl taka po co ulepszać się dręczyć
Bóg zmienia świat ma do tego prawo
Więc ofiaruje nam niebo jutro powietrze
Na czyste przejrzyste lepsze na końcu
Istoty żywe zawsze prawdziwe.

I póki co wyrzuca zło
Brzydkie wstrętne i nagie
Nie biorąc pod uwagę szatana
Stwarza nowego Adama i Ewę
Żeby nie było problemu ze złem brakuje węża
Bo kuszenie stwarza zagrożenie.

Pan Bóg miał dobre intencję
Przewidział z góry konsekwencję
I nie przeciwdziałał temu
Doszło do takiego problemu.

Sam siebie Bóg nie posłuchał
I mamy złego ducha
I stąd wynikły problemy

Dla odmiany

Teraz na tej naszej ziemi.
Czy Adam wiedział
Że w wężu diabeł siedział
A skąd wziął się duch nieczysty
W niebie raju przejrzystym i czystym?

Kto stworzył więc diabła do diabła
Jaka nadprzyrodzona moc nagła
Jak to się mogło stać?
Dobrego Boga nie było na to stać.

Adam i Ewa z pierwszej ręki
Zepchnięci przez Boga do udręki
Jedno przewinienie przepadło zbawienie
Gdzie podziało się wtedy sumienie?

Urodziła Ewa pociechę
Już z pierworodnym grzechem
Niewinne dziecko z plamą grzechu na duszy
Kogo to może wzruszyć?
Woda zmywa grzech z pociechy
A w miarę dorastania rodzą się nowe grzechy.

Bóg dał człowiekowi wolną wolę
Zło się rozszerza i w ludzi uderza
Złe pomysły doświadczenia
Niszczą dobroć i marzenia
Zło rośnie w siłę miłość gaśnie i odwrotnie
A czas dany przez Boga znika bezpowrotnie.

**Czkawka**

Co masz uczynić by zniszczyć czkawkę

Napić się wody schować pod ławkę
Stuknąć się może gumowym młotkiem
Wylać na głowę wody wiaderko
Co zatem zrobić z taką rozterką?

Starszemu przejdzie lecz czkawka dziecka
Może być gorsza bardziej zdradziecka
Co zatem robić użyć zabawki
Żeby malucha pozbawić czkawki?

Najlepiej będzie skoczyć wysoko
Tak jak najwyżej i puścić oko
Złapać za uszy i udać słonia
Albo koguta muczącą krowę
Odgłos papugi czy nawet kawki
Dziecko się śmieje już nie ma czkawki.

Nie ma problemu ze czkawką mama
Ta po kieliszku przechodzi sama
Czuje się lepiej a niech to licho
Tylko uwaga teraz siedź cicho.

Czkawka pijacka jest niebezpieczna
Powtarzająca i ciągle wieczna
I w brzuchu burczy i swędzi główka
Chcesz ją utracić to odwykówka.

Zbój czasem może czkawki nabawić
Musowo do łba gana przystawić
Lub pałą ciężką przez plecy zdzielić
Tylko uważać w siebie nie strzelić.

W restauracji obiad przystawki
Widzisz rachunek dostałeś czkawki.

Dla odmiany

Z pola widzenia kelnera stracić
Wyjść po cichutku i nie zapłacić
Tylko uważać bo po poprawce
Nie stanąć głupio przy większej czkawce.

Mamy więc czkawki suche płaczące
I urzędowe sołeckie gminne
Nabyte nawet kombinowane
Zbiorowe proste zwykłe rodzinne
Państwowe i międzynarodowe
Jedna przypada na każdą głowę
Czkawki kosmiczne i galaktyczne
Małe głupie i idiotyczne.

A gdy komputer nawiedzi czkawka
To nie jest taka i prosta sprawa
Ktoś w banku konto ci wyzerował
Zmienił pozycję zniknął zielony
Robisz się wtedy cały czerwony
Może najbardziej zaczkawiony.

**Duma**

Duma nie mydło to się nie zmywa
Tak to istnieje i się nie zużywa
Dumny to znaczy mądry rozumny
I nie podlega żadnej kontroli
Duma nie boli.

Duma jest piękna i urodziwa
Prawdziwa duma to nie jest chciwa
Flaga powiewa dumnie na wietrze
Czyniąc powietrze czyściejsze lepsze.

Mąż z żony jest dumny a żona z męża
Parafia dumna ze swego pastora
Prezydent dumny ze swego narodu
Żeby ją posiąść trzeba zachodu.

Duma jak pokój zawsze zwycięża
Czasem się pręży i nadwyręża
Nawet i ciało włożone w trumnie
Choć nic nie mówi lecz leży dumnie.

**Wiara czyni cuda**

Wiara zawsze czyni cuda
Każdemu się musi udać
Trzeba tylko mocno wierzyć
I dobrze starać się życie przeżyć.

Bez nóg bez rąk z twarzą pogodną
Wolno przesuwa się na scenie
Zwyczajny człowiek
Oddziałuje na marzenia
Na słuchających go ludzi
Umacnia wiarę i nadzieję budzi.

Ten kaleka mocny duchem
Nie podrapie się za uchem
I nie zrobi krzyża ręką
I nigdy nie będzie chodził
Bo bez nóg on się urodził.

Siłę ducha dał mu Bóg
On by chodził gdyby mógł
Siła biję z niedaleka
Nie grymasi się nie wścieka

## Dla odmiany

Nie narzeka na swój los
Posiada tak wspaniały głos.

Człowiek ten nie rezygnuje
On się bardzo dobrze czuje
Gdy roztacza swe wywody
Przedstawia na Boga istnienie dowody.

I to właśnie się udaje
Na wysokości zadania staje
Wiara w Boga czyni cuda
Każdemu na pewno się uda.

By przekonać masy ludzi
Trzeba mieć ogromną siłę
Ten niezwykły człowiek żyje
Oddycha serce mu bije
Litości nie potrzebuje
I bardzo dobrze się czuje.

On otrzymał dar od Boga
A do nieba jedna droga
I głęboko posiadał wiarę
Ponad wszelką ludzką miarę.

## Skoki i podskoki

Podskakujemy na skakance
Jak pajacyk w naszej bajce
Podskakiwać nie zaszkodzi
A to raczej nas odmłodzi.

Żwawo wszyscy ręce w górę
Wyskoczymy ponad chmurę

Zwiedzimy tam obłoki
I świat długi i szeroki.

Z drugiej strony jest uwaga
Jak wysoko to nie skakać
Można nawet zwichnąć oko
Będzie boleć będziesz płakać.

Nie skacz z dachu choć twój dom
Bo możesz trafić na złom
Albo z mostu gdzieś do wody
Szkoda jesteś taki młody.

Do teściowej nie podskakuj
Milcz chłoptasiu i przytakuj
Bo gdy mamusia wyskoczy
To dostaniesz między oczy.

Kiedy wyskoczysz już na piwko
Gdzieś do baru naprzeciwko
Wypij jedno utrzyj buzię
I wracaj do domu łobuzie
Jak przedobrzysz strach powiedzieć
Narozrabiasz pójdziesz siedzieć.

Na niczyje nie bądź łasy
Nie dotykaj obcej kasy
Obca forsa może śmierdzieć
Po co masz w więzieniu p...

Na wyskoki szkoda kasy
Na wakacje wyjedź w lasy
I podskakuj ile sił
Wtedy będziesz dłużej żył.

Dla odmiany

**Uczucie nie boli**

Piękna Ela od Zambrowa
O tej pannie tutaj mowa
Włosy ma tapirowane
Oczka też pomalowane
Zgrabna szczupła w pasie wcięta
Wesoła i uśmiechnięta.

Lubi śpiewać i potańczyć
Biega na wysokim bucie
Lecz nie wszystko jest najlepiej
Jej problemem jest uczucie.

Lat przybywa nie ubywa
Elka dotąd jest cnotliwa
Czasem frajer się przystawia
To Elusia go odstawia.

Choć nie braknie jej refleksu
Ela nie uprawia seksu
Nawet nie chce o tym gadać
I nie musi się spowiadać.

Raz na imieninach Anki
Antek przyniósł jej sasanki
Chciał dziewczynę pocałować
To otrzymał takie bańki
Że się ledwie trzymał klamki.

Są jeziora i płycizny
I tęsknoty do ojczyzny
Ale Ela nie odczuwa

Przyciągania do mężczyzny.

Trzeba będzie coś zadziałać
Żeby czucie mogło działać
Może coś poradzi znachor
Da lekarstwo jakieś ziele
Myśli mama tata siostra
W domu trwa dyskusja ostra.

Bo do kogo mieć pretensje
Że Eli braknie uczucia
Do miłości jest potrzebna siła
Uczucia i odczucia
Tak jak seksu i refleksu.

Taki to przypadek sprawił
I Elę z kłopotu wybawił
Wczoraj rano na ulicy
Spotkała wnuczka czarownicy
Właśnie jemu Ela miła
Z tego sekretu się zwierzyła.

Więc wnuczek pomyślał o Boże
Babcia na pewno pomoże
Ela przyjdź gdy będzie ciemno
Tam pod lipą i tym dębem
Babcia na ciebie czekać będzie.

Tamtą nockę to Elżbieta
Tak wspomina do tej pory
Teraz łzy ociera skrycie
Piękne było to przeżycie
Wnuczek wkrótce się oświadczył
I wesele się odbyło

Dla odmiany

Było wesoło i miło.

**Armata**

Zbudował człowiek armatę
Zwyczajną prostą atrapę
Z metalu ulaną o sile podmuchu
I szybkości przejścia
Do stworzenia zagrożeń
Wielkiego nieszczęścia.

Nobel bardzo się zapędził
Dni i noce miał bezsenne
Diabeł pomysł mu podsunął
I piekielne myśli ciemne
Wykorzystał on człowieka
Ten nie wiedział co go czeka.

Więc wynalazł przypadkowo
To co nazwał właśnie prochem
Tak po prostu przez przypadek
Ten piekielny wynalazek.

Diabeł tak pomyślał sobie
Wykorzystam więc frajera
Niech wyrządza ludziom szkody
Ja tutaj umywam ręce
I co mówić o tym więcej.

I zaczęła się gonitwa
Naszła moda na armaty
Muszkiety i karabiny
I straszne zamętu godziny.

Proch jest wszędzie w mieście na wsi
W biurze szkole na urzędzie
Na kilogramy i tony
Niebezpieczny i szalony
Nie można już temu zaradzić
Można się tylko wysadzić.

Trwają wojny straszne waśnie
Produkowane mięso armatnie
Dużo prochu nie potrzeba
By wysłać duszę do nieba
Tak miliony istnień ludzkich
Wysyłane na wakacje
Tworzą nową demokrację.

**Rozwód gryza**

Zdarzają się dziwne przypadki
Dzieci porzucają matki
Matki opuszczają dzieci
Nawet bociek z gniazda zleci.

Przypadki zdarzenia dziwne
Pozytywne nieprzyjemne
Ktoś kto za wysoko mierzył
Z hukiem lądował na ziemię.

To zdarzenie nietypowe
Konflikt zwykły w narzeczeństwie
Przez taki głupi przypadek
Iza jest w staropanieństwie.

Iza z Józkiem zaręczona
Bo być miała jego żoną

## Dla odmiany

Właśnie wyszły zapowiedzi
Do wesela trzy tygodnie
Iza zakupiła welon
Józek garnitur i spodnie.

Józek chłopak już niemłody
Zaprosił Izę na lody
Słoneczko pięknie świeciło
Było przyjemnie i miło.

Lody drogie forsy szkoda
Józek kupił loda Izie
Niemiłosiernie spogląda
Jak panienka loda liże.

Józek rzecze      droga Iza
Proszę o jednego gryza
Chciałbym jeden raz polizać
Zrób to dla mnie moja Iza.

Dziewczę rzekło    Józek chłopcze
To dla mnie kupiłeś loda
Proszę nie przeszkadzać Izie
Jak własnego loda liże.

Propozycje robisz głupie
Lepiej podrap się po d...
Nie zawracaj koniu stary
Izowej młodej gitary
Pożycz złoty kup sobie loda
Kiedy własnej tobie szkoda.

Józka ta odpowiedź gorszy
Nie pożyczał nigdy forsy

Pożyczyć od przyszłej żony
Poczuł bardzo tym wstrząśnięty
Połechtał Izę w pięty.

Iza wzdrygnęła się niechcąco
Odważna była i młoda
I zupełnie przypadkowo
Upuściła z ręki loda.

Tego Józef nie wytrzymał
To było ponad jego siły
Cały zrobił się czerwony
Oczy mu się zaświeciły.

Krzyknął Iza to jest powód
Teraz tutaj biorę rozwód
Nie chcę ciebie teraz Iza
Nie będę ci już dogryzał
I nie dałaś mi polizać
Jaka szkoda nawet loda.

Na to Iza to skończone
Znajdź chciwusie inną żonę
Żegnam już się nie naliżesz
Teraz to sam się poliżesz.

I nie doszło do małżeństwa
Wszystkie zamiary przepadły
Józef sprzedał garniturek
Izy suknię mole zjadły
Bo nie trzeba tak dogryzać
Lepiej przed ślubem polizać.

## Przyciąganie

Wypadła z orbity ziemia
Bo nagle zabrakło ciążenia
Wszystko się poprzewracało
Jakby tego było mało
W kosmos uciekło niestety
Na inne dalekie planety.

Ale frajda słoń i kurka
I mercedes niezła furka
Pofalowały w najlepsze
Wartko trąc czyste powietrze.

Lasy domy nawet pola
Wywijają rokendrola
Różne garnki łyżki noże
Mijają beztrosko zorzę.

Małpa się zaczyna zżymać
Trzeba w końcu się zatrzymać
Nawet zwykła pralka Frania
Dość ma już tego latania.

Myszka mała z dużym kotem
Schowana za wielkim płotem
Przyglądają się wiewiórce
Jak ugrzęzła w ciemnej chmurce.

Plaża w górze morze w górze
Sprzeciwiają się naturze
I jeziora gdzieś wypadły
Ryby strachu się najadły.

A już jaj to nie policzy
Kura pieje kogut syczy
Patrzcie oto jajo kurze
A to strusie takie duże
Jajo ptasie też się pasie
A nawet jaja sadzone
Też nie są zadowolone.

Ale dobrze się skończyło
I to właśnie tej soboty
Ziemia wpadła na orbitę
I odzyskała obroty.

**Test na życie**

Jak coś działać ale z gestem
Skoro żyję a więc jestem
Nie narzekam że źle jest
Skoro zdałem własny test.

Test na siłę i mądrości
W imię zasad i miłości
Osobisty i przejrzysty
Prosty zwyczajny czysty.

Zgodnie z testem więc istnieję
I niż złego się nie dzieje
Test wdrożony został w życie
Traktowany należycie
Śpię pracuję odpoczywam
W życiowym normalnym bycie.

W idealnym teście formy
Często odchodzą od normy

Dla odmiany

Coś się czasem i poknoci
Spłata figla czy popsoci.

Przekroczone w życiu prawa
Czasem wyjdzie trudna sprawa
Test się mocno nadwyrężył
I pokłamał lecz zwyciężył.

Radości wzloty i upadki
Jak kwitnące śliczne kwiatki
W życiu przecież różnie jest
Trzeba brać je jakie jest.

**Ostatni wiersz**

Ostatni wiersz nadzieja
Urwany krzyk
Brakuje powietrza
Ta chwila nie jest najlepsza.

Gorąca łza na policzku
Głośne westchnienie
Znika ostatnie istnienie
Uciekając w zapomnienie.

Co zatem dalej z duchem
Nogami głową
Czy będzie wesoło smutno
Dziwnie kolorowo?

Czy normalnie i prosto
Na drogę świetlistą krętą
W inność dziwną przynętą
Pochłonąć ciebie chętną.

Czy to stan nowy lotny
Staje się bezpowrotny
Udajesz się zatem na wakacje
Bal wystawny i przy świecach kolację.

A może tam gdzie zdążasz nic nie będzie
Tylko pustka i otchłań bezdenna
Zimna bezbarwna senna
Nieprzyjemna bez miłości nakazów
Kontroli grawitacji czy zwykłej racji.

A zatem co z dotychczasowym
Twoim i moim światem
Co z wiosną jesienią latem
Co z ziemskim bogactwem?

Zostały złe i dobre wspomnienia
Plany nadzieje marzenia
Ślady naszego istnienia
Zawiedzione uczucia wierzenia
Na końcu naszego istnienia
I chwili gdy coś nas rozłączy
I kończy.

**Zabrakło smaku**

Działo się to właśnie tak
Z pożywienia zniknął smak
Tak się wkurzył na jedzenie
I opuścił pożywienie.

A więc zacznę od początku
Tak po prostu dla porządku.

## Dla odmiany

Od wiek wieków świat pamięta
A więc ludzie i zwierzęta
I prawdziwe to stwierdzenie
Obżerają się jedzeniem.

Smak w ziemniakach i kapuście
W czekoladzie napój winny
Jest odmienny tak jak zapach
Gdy próbujesz całkiem inny.

Smak się kiedyś bardzo wkurzył
Na jedzenie tak oburzył
Że aż opuścił siedlisko
Przestało smakować wszystko.

Nie smakuje nawet prosię
Nikotyna w papierosie
Nawet taka prosta woda
To dla organizmu szkoda.

Pijak teraz nie grymasi
Po kielichu już się nie kwasi
I nie wstrząsa nim nerwowo
Nawet nie potrząsa głową.

Piwo nie smakuje babce
Już nie mówiąc o kanapce
Tak babunię złość zżarła
Nic nie jadła wnet umarła.

Co to teraz dalej będzie
W szpitalach w knajpach urzędzie
Żywność zalega w stodołach

Pełno jej w sklepach na półkach.

Sytuację mamy taką
Zabrakło w żywności smaku
Niedobra dla świata to wieść
Bo nagle wszyscy przestali jeść.

Zapach się ujął nad światem
I skontaktował się z bratem
Prosi zapach drogi smaku
Sytuację mamy taką
Robiąc tak żałosną minę
Pomóż bracie ja też zginę.

Skoro jesteś dobrym bratem
Więc ulituj się nad światem
Poznaj brata po zapachu
Wróć do pożywienia brachu.

Szkoda świata szkoda brata
Smakowi zadrżało serce
Słuchając wywodów zapachu
Rozczulił się przy tym wielce.

Klęska głodu zażegnana
Tak się zdarza proszę pana
I nastały dobre czasy
Wrócił pociąg do kiełbasy.

I razem pod jednym dachem
Rozkoszuje się zapachem
Proszę pana jegomości
Nikt na świecie już nie pości.

Dla odmiany

**Kariera**

Co najwięcej czas zabiera
Mycie szycie czy pisanie
Praca spanie czy lenistwo
Tak naprawdę czas wie wszystko.

Jak zrobić karierę
Gdy się jest tylko zerem
Pracować dwadzieścia dwie godziny
Robić w telewizji miny
Uprawiać sport wejść do polityki
Robić różne cuda
Czy to się kiedyś uda?

Karierowicz cicho stąpa
Moczy nogi w brudnej wodzie
To dotyczy polityki
Bo to polityka w modzie
Węszy gryzie podlizuje
Choć to nawet i kosztuje.

I programy niezłe mają
Dyskutują i spierają
Ale nic nie wynika z tego
Coś nowego to głupszego.

A po drodze do kariery
Obowiązują maniery
Jakiś łapciuch wrzeszczy głośno
Z nadętą miną zazdrosną.

Proszę o taki uczony
A jak kłamie dla mamony

Obiecują wszystkim ogromy
W rezultacie same złomy

I w teorii i praktyce
W gospodarce polityce
Wyjdzie na jaw prawda naga
Sprawiedliwość się domaga
A przez zazdrość krzywdę chciwość
Znika dobroć i sprawiedliwość.

**Kultura na bakier**

Czapka na bakier wylany lakier
Rzucona księga wyblakły haker
Poziom serowy niska kultura
Przyświeca jakaś potworna bzdura
Gdzieś tam na wizji radio aż trzeszczy
Program od prawie siedmiu boleści.

Straszna zadyma bariera pękła
Pani redaktor tak się przelękła
Że nawet słowa rzeknąć nie może
I wyszeptała     mój Święty Boże.

Popatrzmy zatem jak ludzie prości
Mają kulturę pełni radości
Przyjemnie słuchać programy które
Ubogacają naszą kulturę.

Dodać pomnożyć czy odejmować
Czasem to trzeba minę zachować
Nie rzucać zadkiem albo się nabzdyczyć
Rżeć tak bez sensu lub indyczyć.

## Dla odmiany

Kultura w kinie restauracji
Nad morzem w lesie podczas wakacji
Obowiązuje ludzkiego członka
Może się czasem przykrość przydarzyć
Można spokojnie o tym pogwarzyć
Trzeba zapomnieć sprawy niektóre
Zachować godność oznacza kulturę.

Teatr rozrywka i upojenie
Czy na stadionach stada kiboli
Tak zachowują się niecenzuralnie
Jak na to patrzeć to głowa boli.

Czasem się zdarzy trzeba zrozumieć
Kultury trzeba uczyć żeby umieć
Rozumieć życie nie trzeba wiele
W biurze na stacji czy to w kościele.

Gdzie się kultura nasza podziała
Z dużej wyniosłej zrobiła się mała
Czarna kosmata posępna bura
Nienormowana nowa kultura.

## Radość

Każdy dzień budzi się tak radosny
Mijają lata zimy i wiosny
Z następującym miesiącem rokiem
Idziemy w przyszłość marszowym krokiem.

Z nadzieją coraz lepszego bycia
Doskonalszego życia przeżycia
Czasem coś złego radość odwraca
Gdzieś coś nam umknie szkodzi zawraca

Postęp w technice mozolna praca
To wszystko życie nam ubogaca.

Z wielkim postępem niech radość płynie
Rośnie rozkwita w każdej rodzinie
Nieprzejednana twarda zadziorna
Słuszna radosna i sprawiedliwa
Proszę radości więcej przybywaj.

**Kaśka**

Wyszła śliczna panna Kaśka
Za młodego chłopca Staśka
Była skromna i posłuszna
Wesoła i wielkoduszna.

Stasiek był dla żony miły
Bardzo kochał swoją Kaśką
Opiekował się i starał
Lecz nie bardzo miał pod baśką.

I od tego się zaczęło
Stasiek raz przypalił mleko
Przypadkowo rozbił flaszkę
I obarczył winą Kaśkę.

Jak wytrzymać z tym potworem?
Skarżyła się Kaśka Baśce
Jadąc ze Staśkiem motorem
Na zakręcie gdzieś za laskiem
Dodał gazu zgubił Kaśkę.

Kaśkę raz bolała baśka
Poprosiła męża Staśka

## Dla odmiany

Zamiast proszku na ból głowy
Kupił proszek rycynowy
Ale się zmachała Kaśka
A to była wina Staśka.

Raz Kasieńka była chora
Trzeba było wezwać doktora
Kaśce w piersiach dech zatyka
Zadzwonił po hydraulika.

Wyzdrowiała wkrótce Kaśka
I wkurzona tak na Staśka
Rzekła chodź to mój kowboju
Nie ma mleka bez udoju
Przekręciła drzwi na kluczyk
I zamknęła go w pokoju.

Płacze biedny     moja Kaśka
Jestem głodny wypuść Staśka
Nie wypuszczę rzekła Kaśka
Aż zmądrzeje twoja baśka.

Tak minęły dwa tygodnie
Stasiek schudł spadły mu spodnie
Trzęsie zimnem gniecie go febra
Wystają mu z ciała żebra.

Otworzyła pokój Kaśka
I dokładnie sprała Staśka
Już nie robi na złość Kaśce
Wszystko mu zmądrzało w baśce.

**Leśny sen**

Właśnie dziś się w lesie stało
Straszna wrzawa zahuczało
Ale prawdy nic nie zmienia
Dzisiaj jest konkurs na lenia.

Do konkursu stanął jeleń
Małpa sarna dwa piżmaki
Wilczyca zebra i hiena
Królik sroka i pantera.

O przepraszam nie wiedziałem
Bo o misiu zapomniałem
O koniu o słoniu i ośle
Ten co nosi się wyniośle
I o kosmatej wiewiórce
Co stroi miny na górce.

Szefem jury został lew
Ten co często wpada w gniew
A zastępcą tygrys wielki
Co często przegryza belki
Na wielkiej leśnej polanie
Zaczęło się wielkie gderanie.

Kto jest tu największy leń
Kto śpi w nocy a kto w dzień
Kto się nudzi
Nie pracuje i się trudzi.

Uczestnik konkursu w czasie słońca zachodu
Będzie musiał wypić beczkę miodu.

## Dla odmiany

Kto wypije beczkę miodu
I kto po niej i nie uśnie
To zostanie tej jesieni
Ogłoszony wielkim leniem.

Pierwszy zwykle zaczął lew
Wypił bańkę padł na łapy
Tygrys tylko wciągnął ćwiartkę
I też poszedł spać do lasu
Słoń spróbował i się skwasił
Zając bardzo się wystraszył.

Koń powąchał i nie przeżył
Bo kopytem się uderzył
Jeleń padł na wszystkie nogi
Panterę ściągnięto z drogi
A wiewiórka zęby suszy
Aż odgryzła sobie uszy.

Wyszedł misio ujrzał beczkę
Rozprostował się troszeczkę
Co się dzieje i nad ranem
Wszystko jest porozrzucane.

Zastanowił się minutkę
I pochylił się do przodu
Przez niecałe dwie minuty
Wychłeptał beczułkę miodu.

Zobaczyła misia kura
I wrzasnęła głośno       hura!
Odezwała się z drzewa sowa
Miś to bardzo tęga głowa.

Wygrał misio konkurs dzisiaj
I został największym leniem lasku
Koniec bajki mój głuptasku
A misiaczek tak się strudził
Że aż na wiosnę się obudził.

**Koniec piekła**

Koniec piekła koniec kary
W galaktyce aż zawrzało
Coś tam pękło coś się pogięło
Jest wiadomość piekło wcięło.

Znikło piekło Bóg się cieszy
Anioł z wiadomością śpieszy
Bo to właśnie tej niedzieli
Całe piekło diabli wzięli.

Właśnie w Boże Narodzenie
Będzie długie dochodzenie
Podziękowań płyną strofy
Diabły pójdą na lejowy.

Było to tak Lucyfer usnął
Ktoś spod kotła ogień buchnął
Nietypowa głupia sprawa
W piekle rwetes wielka wrzawa.

Diabły zamiast ognia szukać
Zaczęli w posadzkę pukać
Bo wiadomo to legaty i nygusy
Pożarli zielone kaktusy.

W całym piekle na minusie

## Dla odmiany

Rura wodna w poprzek pękła
Woda zamarzła na obrusie
I diablica się przelękła.

Marzną malutkie diabełki
Weszły w smołowe kubełki
Rogi wystają spod kołdry
Diabeł zrobił się niedobry.

Ciemno na tę okoliczność
Wyłączona elektryczność
O poprawie nie ma mowy
Ogłoszono strajk głodowy.

Dusze trzęsą się bo zimno
Diabeł przyjął dziwną pozę
Obciął swoje długie rogi
I przywiązał się powrozem.

Nie pomogły żadne czary
Z zimna umarł diabeł stary
I diablica padła w progu
Brawo brawo dzięki Bogu.

Wszystkie dusze młode stare
Te z przypadku i za wiarę
Emigrują więc do nieba
Nie w nagrodę lecz za karę.

W końcu diabły się wkurzyły
Nikomu się nie upiekło
Podłożyli wielką bombę
Hukło wysadzili piekło
Koniec piekła koniec fali

Już nie będą w ogniu grali.

**Lekarstwo na obżarstwo**

Jedzenie marzenie przeżycie
Trwa walka o lepsze życie
A żyć trzeba brać lekarstwa
I bardzo wystrzegać się obżarstwa.

O co tak właściwie chodzi
Że za dużo bardzo szkodzi
I właśnie z powodu obżarstwa
Trzeba tracić na lekarstwa.

Taki średni noworodek
Ledwie usiadł na wychodek
I posadził drobną pupę
Taką wielką zrobił kupę.

A dlaczego jego mama
Co zazwyczaj się odchudza
Do jedzenia synka córkę
Przez cały dzionek podjudza.

Czekolada synku proszę
Proszę ogryźć tłuste udo
Na śniadanie bańka mleka
Marny los malucha czeka.

Dziecko chodzić już nie może
Proszę zjedz coś nieboraku
A do męża gdy się wtrąci
Utrzyj pyska ty pijaku
Ja ci skończę bezrobocie

## Dla odmiany

Lepiej połóż się przy płocie.

Lat dwanaście dziecko stęka
Dwieście funtów krzesło pęka
Mało mówi i nie słyszy
Loda liże w kącie dyszy
Tak bardzo mocno spasione
Kiwa się na każdą stronę.

Mama rzecze     Święty Boże
Może pan doktor pomoże
I przepisze medycynę
Doktor zrobił straszną minę
Myślał tak może z godzinę
I wypisał to lekarstwo
Nie dzidziusi lecz mamusi.

Co tu tłumaczyć i przeczyć
Trzeba panią zacząć leczyć
I zakończył tak rozmowę
Pani jest chora na głowę.

Dziecko wyleczy się samo
Gorzej będzie teraz z mamą
A najlepiej moja droga
Udaj się do ufologa
Ale najpierw do psychiatry
Może on to lepiej rozpatrzy.

Pani wzięła się za główkę
Wyrwała mu z ręki łapówkę
Okropnie wściekła nadęta
Wybrykła z trzeciego piętra.

Takie właśnie są przypadki
Tracą na tym dzieci matki
A co się tyczy obżarstwa
To nie ma na to lekarstwa.

**Pracowity Anioł**

To niesprawiedliwe
Anioły nie powinny tak ciężko pracować
I to dwadzieścia cztery godziny
We wtorki soboty środy i niedziele
Za lichą zapłatą co wy na to?

Anioł miłości
Powinien pracować w kontroli jakości
Zabawiać gości uczyć uczciwości
Nie powinien po kimś sprzątać
Wycierać kurze na dole i górze.

Aniołek powinien podlewać róże
Przyglądać się naturze
I wdychać na wietrze
Świeże powietrze najlepsze.

Anioł jest sam sobie stróżem
Sprząta mieszkania duże
Cały boży dzień pozycję zmienia
Skąd tyle poświęcenia.

Piękne oczy szare duże
Wpatrują się w krętą drogę
Na gazie trzymają nogę
I przemykają przez wielkie lasy
Dokładając do domowej kasy.

Dla odmiany

Wyglądam na anioła przez okno
Na dworze leje jest bardzo mokro
Dusza moja tęskni woła
Nie widać mojego anioła.

Chciałbym ci drogę aniołku wybielić
Może nawet rozweselić
I marzyć z tobą jak wrócisz
Duszko świetlana tak zapracowana.

Mam nadzieję w tej chwili
Że jesteś może około mili
Od swojego siedliska serce ściska
I czeka duszek nieduży
Buzi od wesołego aniołka dostanie
Na przywitanie.

I wrócił aniołek usiadł na stołek
Zmęczony a w ręku
Dzierży karteczkę cienką
Maleńką nazwaną czekiem
Dobranoc aniołku królu
                      Pa lu lu.

**Wybryki**

Czy wybryk to jest występek
Czy coś złego czy dobrego
Wybryknąć to znaczy przesadzić
Jak można by temu zaradzić?

Wybryknąć to skoczyć po prostu
Na przykład z rzecznego gdzieś mostu

I przy tym wywołać lament
Lecz najpierw napisać testament.

Jakiś unik wybryk w środku
Na ringu gdzieś na boxingu
Przypuśćmy że na dopingu
Nabytym po narkotyku
Może kosztować karierę
Popsuć dobrą atmosferę.

Wybryk pana kolejarza
Prowadził pociąg na bańce
Zamiast trzymać za fajerę
Prawił bzdury ślicznej Hance.

W rezultacie szyna pękła
Połamane dwa szlabany
Wagony w obydwie strony
Cóż pociąg wykolejony.

Albo wybryk gdzieś na froncie
Wybuchło i urwało prącie
Po co się wychylałeś chłopie
Zamiast siedzieć spokojnie w okopie.

Inny wybryk buchnął kasę
Po cichu zakopał pod lasem
Wyśledzili skurczybyki
Odkopali odpłynęli do dalekiej Ameryki.

**Wujek Felek**

Szedł na spacer wujek Felek
Patrzy leży pantofelek

## Dla odmiany

Czarny z zagiętym noskiem
Wzbudził w Felku wielką troskę.

Myśli Felek pantofelek
To zgubiła piękna panna
Może nawet i blondynka
Albo ruda może czarna
Całkiem serio myśli Felek
Komu zwrócić pantofelek.

Feluś drapie się po głowie
Jak go oddam co odpowie
Jakaś piękna młoda panna
Da buziaka podziękuje
Felek już to ciepło czuje.

A może to panna bogata
Ma mieszkanie psa i fiata
Aż Felkowi warga lata
I ożeni się tego lata.

W parku na małej ławeczce
Przy parkowej wąskiej steczce
Siedzi właśnie i zerka w stronę Felka
Panna i bez pantofelka.

Nie wie Feluś co tu robić
Jak do tego przysposobić
Aż zadrżało mu uczucie
Taka piękna w jednym bucie.

Zaczerwienił się aż jęknął
Na lewe kolano przyklęknął
Założył pantofelek na nóżkę

I stało się dostał w buźkę.

Piękną panną była Hania
Tak założyć bez pytania
I to zrobił chłopiec duży
Dlatego oberwał po buzi.

I za ciosem radość wielka
Hania uściskała Felka
Zaprosiła go do domu
I uwiodła po kryjomu.

Dla Felka nastało słońce
I cieszy się jak wróbelek
Bo zdobył wspaniałą żonę
Przez cudowny pantofelek.

I nigdy już nie narzeka
Uwierzył że szczęście ma wielkie
Choć żona go trzyma króciutko
I postraszy pantofelkiem.

**Zmagania Uli z Filipem**

Filip płacze wyje z bólu
Proszę zostaw mnie odejdź Ulu
Nie chcę ciebie mieć za żonę
Postanawiam to skończone.

Dziś odkryłem powołanie
Tak jak rzekłem to się stanie
Chcę po prostu zostać świętym
Być do nieba kiedyś wziętym.

## Dla odmiany

Proszę Ulu błagam ciebie
Ja rozumiem ciebie w potrzebie
Proszę więc mnie nie dotykać
Nie stracę nieba przez ciebie.

Zrozum Filip to potrafi
Będę pastorem na parafii
A gdy stracę z tobą cnotę
To stracę dobrą robotę.

Rzekła Ula słuchaj Filip
Przyszłam tutaj za potrzebą
W moich oczach widzisz niebo
Patrz na moje słodkie usta
Sama miłość do ciebie chlusta.

Robi próby piękna Ula
Do Filipa się przytula
Wie że Filip jest zawzięty
Bez cnoty nie może być świętym.

Wpadła Ula na pomysła
Drugi raz do Filipa przyszła
I od progu wielkim szustem
Uderzyła chłopca biustem
I przygniotła całym ciałem.

Pęka opór u Filipa
Nie wytrzymał użył chipa
Uli dłużnym nie pozostał
I nigdy świętym nie został.

Kiedy chcesz być w niebie święty
Nie możesz być napoczęty

Bo gdy raz użyjesz chipa
Wtedy ze świętości lipa.

**Być może ostatni**

Nastąpi ten moment jak falstart
Zrozumiałeś że nic nie jesteś wart
Gra zakończona rozlosowane karty
Nic już nie masz do zyskania
To dlaczego się jeszcze ciskasz
To co przeminęło nigdy nie odzyskasz.

Być może z chorobą się zmagasz
Przed tym co ma nastąpić się wzdragasz
We wnętrzu sumienie porusza
Buntuje się i wierci twoja dusza.

To coś do refleksji cię zmusza
Nad przeszłością własną minioną
Częściowo tylko być może spełnioną
Tak mocno nadwyrężoną.

W sercu doznałeś duchowej pustki
Zwyczajnej beznadziejnej pokory
Nie ze względu na chorobę serca czy trzustki
To nie dlatego że jesteś fizycznie chory.

To coś dziwnego się stało
Przez życie się nazbierało
W przeszłości być może zrobiłeś za mało
I stąd to się wszystko stało.

Na pewno byś zdziałał więcej
Popatrzeć na spracowane ręce

## Dla odmiany

I z duszą prowadzisz spory
O to co było do tej pory.

Na dworze już zapadł zmrok
Ostatni dzień grudnia zacznie się Nowy Rok
Być może to następny krok
Albo ostatnia noc do spania i świtu
Do cielesno duchowego rozkwitu.

Czy masz żałować że nie spełniłeś
Oczekiwań twojej bratniej duszy?
Ten problem tak bardzo posmutnia
I czasem głęboko wzruszy.

Być może mogło być inaczej i lepiej
Rozmyślasz aż cię telepie
Nie cofniesz zdarzeń minionych
Myśli i przeszłych marzeń
I tego co dawno było
Co z chwilą się tą zakończyło.

## Czas biegnie

Rok za rokiem
Krok za krokiem
Nie da się ogarnąć wzrokiem
Czas umyka nam podskokiem.

W gwarze huku zwykłej ciszy
Czas nie mówi ale słyszy
On nam zawsze towarzyszy
Jest grzeczny nie stęka nie dyszy.

Czas więc spotykamy wszędzie

W domu w lesie na urzędzie
Chociaż nieraz masz mało czasu
Proszę nie martw się zawczasu.

Znajdź czas pobaw się z jaskółką
Narysuj na kartce kółko
A może i będzie lepiej
Ze śniegu bałwana ulepić?

Czas się nieraz w kółko kręci
Zdarzają się zaniki pamięci
Więc robisz się dziwny i dziki
Proszę unikać paniki.

Szkoda czasu znaczy bycia
Proszę więc unikaj kicia
Bo w więzieniach dużo czasu
Najlepiej zrezygnuj zawczasu.

Cztery lata w jednej klasie
Cieniasie być może grubasie
Zawczasu pomyśl o czasie
Ucz się zatem ile da się.

Braknie czasu dla rodziny
Mama stroi straszne miny
Czas tak tatę zbałamucił
Do domu przez miesiąc nie wrócił.

Czas przepłynął tego powód
I znowu kolejny rozwód
Dużo smutku i hałasu
Przecież to nie wina czasu.

## Dla odmiany

W czasie gdy się chcesz odnaleźć
Więc się może ukąś w palec
A najlepiej w całą rękę
Chociaż boli nuć piosenkę
Czasu wtedy nie przeoczysz
A nawet go górą nie przeskoczysz.

Czasu nie mam to wymówka
Siedzisz w barze ból makówki
Z portfela znika kolejna stówka
I w rezultacie odwykówka.

Czas do pracy wypoczynku
Musisz znaleźć maminsynku
Proszę starać się nie szaleć
Bo można w szpitalu się znaleźć.

Kiedy trafisz do więzienia
Tam czas stoi się nie zmienia
Ucz się szacunku i miłości
I zatęsknij do wolności.

## Do wszystkich

Dorosłych dzieci młodzieży
Mówię prosto odważnie
Proszę by wszystkich w życiu spraw
Nie brać tak na poważnie.

Wiadomo że odwaga i rozwaga
Dużo pracy i poświęcenia wymaga
W geografii historii pasuje do teorii
W matematyce na uniwersytecie
Poważne sprawy są przecie

W życiu codziennym powaga
Też dużo odwagi wymaga.

W gruncie rzeczy powaga
Nie zabezpieczy i nie zadowoli
Nad powagą potrzeba kontroli
Poważne czasem decyzję prezycję
Poglądy sądy tworzą absurdy
Stwarzając problemy i burdy.

A latami pisane ustawy poważne
Jak uśmiech listonosza trafiają do kosza
W pogoni za pieniądzem ludzie dumnie
Spoczywają poważni w złotej trumnie.

Powaga sztuczna bezładna
Nieskromna niezdolna do widzenia
I nie dopasowana do przemijającego świata
Pozbawiona wiary jest formą kary.

### Niedoszłe małżeństwa

Z narzeczeństwa do małżeństwa
Połączeni w jedną parę
Pod przysięgą białą wstęgą
Składają w kościele ofiarę.

Ślubowanie na wierność
Stworzona wielka przyjemność
A panieńskość nie uwiera
Na nowo życie otwiera.

Sytuacja nie ta sama
Kawalerska męska rama

## Dla odmiany

W sakramenty uwiązana
Był kawaler nie ma pana.
Żeniąc się czy za mąż wychodzić
Czasem może jednak szkodzić
Los tak czasem figle płata
Trzeba uważać na lata.

Pewna panna dość poważna
Roztropna bardzo odważna
Choć niewiele takich zdarzeń
Przyklękając przed ołtarzem
Gumka jej w majteczkach pękła
Tak nieszczęsna się przelękła
Zrobiła się czerwona cała
I od ołtarza nawiała.

I pana młodego szkoda
Ten jak wrzasnął wniebogłosy
I zrobił tragiczną minę
Nos aż zrobił się zielony
I urwało mu czuprynę.

Pastor bardzo się zasmucił
W kościelnego tacą rzucił
A goście weselni na sali
Aż z ławek powypadali.

O coś głupiego tak poszło
I do małżeństwa nie doszło
A przysłowie głosi stare
Nigdy nie żeń się za karę
Nie bierz za męża starego węża
Niech w tym przypadku rozwaga zwycięża.

Chociaż jesteś wygłodzony
Nigdy nie bierz starej żony
Jeszcze mocniej się wychłodzisz
Ale nigdy nie dogodzisz
Bo choćbyś się i mocno zmuszał
Ktoś inny ją będzie wzruszał.

Jesteś dobrze wykształcona
Nie zakochuj się w staruchu
Będziesz patrzeć całe życie
Na brzydala z buzią suchą.

**Nie daj się**

Gdy zrobisz jeden lub dwa kroki
Nie płacz gdy z kołyski wypadłeś
Gdy na chrzcie pastorowi wymknęło się kropidło
Że przypadkowo zjadłeś mydło
Gdy smoczek ci zjechał z butelki
To nie jest problem wielki.

W szkole nie bądź skarżypytą
Choć pani podchwytliwe o coś zapyta
Chociaż wskaźnik o plecy się złamie
Nie skarż się tacie czy mamie.

W konia nie daj się robić
Uważaj na odciski korytarz śliski
Na skórce po bananie
Możesz się poślizgnąć kochanie.

Nie daj się omamić
Nie idź do łóżka z jędzą

## Dla odmiany

Zostaw jędzę w spokoju
Niech się zajmie przędzą.

A jak już niestety złapiesz ha ha hi hi
Nie rozpaczaj równo oddychaj
Przejdzie ci to przyjmiesz szczepionkę
Na drugi raz kłopotów nie pomnażaj.

Najlepiej wstawać z koguta pianiem
Wtedy się w życiu powiedzie
I nic nie stanie się złego
Dlatego nie daj się i walcz kochanie
Nie posłuchasz dostaniesz od życia lanie.

## Dachowiec

Praca człowieka nie hańbi
Prawda konieczność nas zmusza
Bo wraz z rozwojem ciała Po
Dojrzewa w ciele i dusza.

Trzeba się dość nagłówkować
W pogoni za chlebem
Dużo pracować oszczędzać
By nie spać pod gołym niebem.

Każdemu to życie jest miłe
Więc proszę nie pracuj ponad siły
Bo możesz tak zmęczyć kości
Nie dożyć wczesnej starości.

Najwięcej uwagi potrzeba
Gdy pracujesz bliżej nieba
I jesteś ruferem na dachu

Nie boisz się i nie masz strachu.

Posłuchaj więc moje maleństwo
Zadbaj o swoje bezpieczeństwo
I nigdy z żadnej przyczyny
Nie chodź po dachu bez liny.

To prawda że fachowcy są zwinni
Lecz aby nie zostać kaleką
Należy się tak zabezpieczyć
Bo do ziemi jest bardzo daleko.

I żeby też duszy nie zhańbić
Nie możesz się mój drogi dać zabić
Albo zostać kaleką na wózku
Franku Andrzeju czy Józku.

**Koń i jeż**

Powiedział jeż do konia
Spotkawszy go na błoniach
Że jestem jeż
To ty na pewno już dawno wiesz.

Jestem małym zwierzakiem
Żyję w leśnej norce
Moja cała jeżowa rodzina
Mieszka na Majorce
Jesteś koniu taki mądry i duży
To zgadnij dlaczego jeże
Mają na plecach kolce?

Koń aż podniósł głowę ze zdziwienia
I przestał trawę jeść

## Dla odmiany

Spojrzał na małego jeża i odpowiedział
    Cześć
Jeżu widziałem cię kilka razy zwierzaczku.
Mieszkasz przy tym dużym krzaczku.

Tak naprawdę to nie obchodzi mnie
Co na plecach nosisz
Co tam taki jeżyna ma do powiedzenia
Nie przeszkadzaj mi szczypać trawę
Do widzenia.

Małego jeża wkurzyło to bardzo
Że koń z nim nie chce gadać
Spojrzał ukradkiem na konia
Złośliwie spod pancerza
Zwinął się w trąbkę i schował w trawkę
Pod stojącą pod laskiem huśtawkę.

Nazajutrz wczesnym rankiem
Konik na trawce ochoczo się pasie
Koń miał dużo wolnego bo był na urlopie
Pomyślał zmęczony tym jedzeniem trawy
Co się męczysz koniku siądź sobie na huśtawce
Odpocznij.

Buja się konik wesoło nuci na huśtawce
Niechcący się poślizgnął upadł na murawkę
A wiadomo konie są ciężkie bo to kawał zwierza
Wylądował niefortunnie i uderzył w jeża
Który smacznie sobie drzemał w drucianej rolce
W ciało końskie się wbiły wszystkie jeża kolce.

Bardzo się przy tym przestraszył
Co u koni się często zdarza

Pędem pobiegł przez łąkę do weterynarza
Weterynarz zrobił dla konia niemałą przysługę
Wyciągnął z ciała konika jeża kolce długie
Konik przeprosił jeżyka za ten głupi upadek
Weterynarz opatrzył jeża na wszelki wypadek.

I wszystko się dobrze skończyło
Jeż wrócił do lasu
Koń przybiega go odwiedzić od czasu do czasu
Weterynarz od teraz przyjaźni się z jeżem
I często małego jeżyka do lasu na wycieczki bierze.

**Szczęście**

Szczęście to życie
Czy może zjawa
To jest po prostu
Przedziwna sprawa.

Kto posiadł szczęście
Uśmiecha się częściej
Twarzyczka mu błyszczy
A w buzi piszczy.

Szczęścia okazji bywa tak wiele
To urodziny huczne wesele
 Niespodziewana wielka wygrana
To szóstka w totka jak malowana.

Co trzeba zrobić by zdobyć szczęście?
Zdobyć fortunę dobrze się ożenić
Urodzić dzieci i mieć rodzinę
Czy być na wojnie nie wejść na minę
Modlić do Boga pokorniej częściej

Dla odmiany

Sposób na szczęście.

Można i szczęście sobie wywróżyć
Lecz w jaki sposób na to zasłużyć
Szczęściem jest życie i w Boga wiara
To prosta prawda i bardzo stara
Chcesz być bogaty i zdobyć szczęście
Żyj normalnością i śmiej się częściej.

**Na morowo**

Morowo to dziwne potoczne słowo
Ma się rozumieć jest kolorowo
Nic nie dolega świetnie się czujesz
I po prostu tak leniuchujesz.

Morowe czasy na świecie spokój
Słońce oświetla piękny horyzont
Nikt tu nie goni nikt się nie śpieszy
Oko na cizi można zawiesić.

Dziewczyny smukłe buzie różane
Moczą się cudeńka w wodzie lustrzanej
Słoneczko śmieje się i kiwa głową
I jest morowo.

**Plany**

Wszyscy w życiu mamy plany
Czasem zwykłe i poważne
To co dzisiaj planowałeś
Jutro może być nieważne.

Założenia zamierzenia

Nieraz na ważności tracą
Czasem można i po pysku
Oberwać nie wiedząc za co.

Życie na różne sposoby
Wielkość małość i wytrwałość
Tworzą zatem coś wielkiego
I niezrozumianą całość
Razem z powstającym ranem
Jest związane z boskim planem.

Cóż możemy zaplanować
Jak zarobić i nie stracić
By zabłysnąć i nie usnąć
Wypić dużo i się nie urżnąć.

Patrzmy na życie w zachwycie
I planujmy należycie.
Przy tym nie mizdrzyć się i nie fukać
Ale nie dać się oszukać.

Błądząc w wehikule czasu
Nie przejmujmy się zawczasu
Że ci dzisiaj trzaśnie koło
Bierzmy życie na wesoło.

Ktoś tam czasem przypadkowo
Zawadził przesadził z mową
Że ktoś trafił do więzienia
Bo to bardzo plany zmienia.

Dziadek zasnął biedny w czapce
Bo poślizgnął się na babce
Król poddanym spuścił lanie

Dla odmiany

Dostał trutkę na śniadanie.
Wszystko z planem pójdzie w popiół
Niech się martwi ten co otruł
Złe miał plany ów osiłek
Jemu też oklepią tyłek
Jedno zdanie to jest w planie.

**Wady**

Wada to inaczej bubel
I w teorii i praktyce
Występuje zatem wszędzie
W Europie w Ameryce
Wady długie wady krótkie
Potężne wymowne cichutkie.

Człowiek się urodzi z wadą
Twarz ma wyblakłą i bladą
We krwi brak czerwonych krwinek
Dlatego ma dziwną minę.

Wadliwa jest rewolucja
Światowa rolnicza produkcja
Nawet taka polityka
Na wszystko się oczy przymyka.

Bo bez wady nie da rady
Idealnych nie ma rzeczy
Jak się może czuć garbaty
Który ma dziwaczne plecy.

Wady jawne i ukryte
Przestarzałe i nabyte

Powściągliwe i odważne
Przykre i nieprzyjazne.

Dług ma państwo rolnik hrabia
Bo na długach ktoś zarabia
Ktoś ustala więc procenty
Spłacać można aż do renty.

Łatwo czyjeś jest wydawać
Nie pożyczać nie oddawać
Czyjąś gotówką obracać
Brać kredyty i nie spłacać.

Dług zaciągnąć prostsza sprawa
Trudniej będzie go oddawać.
Łatwiej wydać niż zarobić
Można biedy więc narobić.

Wszelkie długi hipoteczne
Są najbardziej niebezpieczne
Można stracić też chałupę
Konia kota i psią budę
Dobra gromadzone z trudem

**Przypadek Kasi**

Kasi coś się wydawało
Nagle w domu zahuczało
Dziwne dźwięki jakiś ruch
W pokoju pojawił się duch.

Panna zbladła aż usiadła
Omal się nie przewróciła
Jakoś dziwnie się poczuła

## Dla odmiany

I bardzo się przestraszyła.
Boże toż to duch zwyczajny
Przezroczysty ale fajny
Kasia szybko ochłonęła
I do ducha zagadnęła.

Hej uważaj drogi duchu
Jestem non stop na podsłuchu
Mama tata przyszły mąż
Podsłuchują teraz wciąż.

A dlatego bo to panna
Może zrobić coś głupiego
Duch odzywa się do Kasi
Jestem w pewnej ważnej sprawie
Więc tu długo nie zabawię.

Nie przybiegłem ciebie straszyć
Tylko pomóc w twej miłości
To co ci rzeknę teraz
Migiem sprawy twe uprości.

Dobrze rzecze Kasia duchu
Chociaż jestem na podsłuchu
To wyłączam go na chwilę
I do prośby się przychylę.

Jestem biały i nieduży
Dzisiaj chłopak twój mnie wkurzył
Jestem mu aniołem stróżem
Z wczesną dziś godziną ranną
Nakryłem go w łóżku z panną
A przez to że ciebie zdradził

Tak mnie w gniewy doprowadził
Boga też wkurzyło w niebie
I dał mi adres do ciebie.

Duch się Kasi skłonił z gestem
Przyszedłem cię ostrzec
I jestem.

Dzięki ci aniele stróżu
Że ostrzegłeś Kasię dużą
Do wesela dwie niedziele
A to czasu już niewiele
Muszę wziąć się za robotę
Uratowałeś Kasieńki cnotę.

Duch leciutko drzwiczki przymknął
Zaszumiało raptem zniknął
A w niedzielę po obiedzie
Przyszły mąż do panny jedzie.

I oto zdarzenie całe
Chciał ją objąć dostał w pałę
Wytłumaczyć się nie umiał
I niczego nie zrozumiał.

A o czym to teraz gadać
Poprawiła musiał spadać
Aż zatrzęsły się firanki
Odszedł Antoś do kochanki.

Kasia pozbyła się paniki
Wyjeżdża do Ameryki
Poznała przystojnego Mańka
Ale wciąż myśli o duchu

Dla odmiany

I jest zawsze na podsłuchu.

**Doping**

Zdopingowany młody człowiek przez byt
Vat Zus Krus Cit Świst i inne podatki
Ucieka z domu po kryjomu
Zostawia żonę ojca matkę dziadki.

Przez Meksyk Texas Kanadę
Czy aby da radę
W kraju w którym się urodził
Wychował się nie może znaleźć pracy
Zabrakło nagle miejsca a trzeba jakoś żyć
A powinno być.

A dlaczego?

Bo miejsce na straganie zajął cudzoziemiec
Który do pospołu z Chinką
Handluje krajową szynką
I unijną szminką.

Na ulicy przy której mieszkasz
Zbudowano park i fontannę
Za pieniądze szwedzkiego starosty
W środku legalnie marihuanę
Można nabyć nad samym ranem
Nadmuchane szkockie materace wiszą
W powietrzu nad piaskownicą.

Nie wpuszczą ciebie bez biletu do sali
Kinowej tureckiej gali
Trwa śledztwo w sprawie wybuchu bomby

Zginęły cztery małpy i słoniowi urwało
Trzydzieści procent trąby
W cepeenie cena paliwa dogania cenę złota
Czyj to może być sabotaż?

Dziwne postacie kręcą się w kółko
Kraczą marudzą i się pocą
Rady układy rozsady
Wiercą dziury w powietrzu nocą
A dlaczego i po co?

Krajowe blade oblicze
 Cmentarne pomniki i znicze
A emigracyjny człowiek w Ameryce i Peru
Staje się zwyczajną sknerą.

Z dala od domu rodziny żony matki
Wyciera kurze podlewa kwiatki
Produkuje w fabryce świece liczy jaja kurze
Wącha dym i opary młody i stary
Za jakieś tam liche franki euro dolary.

Ślęcząc pod dziurawym dachem
A w jego własnym rodzinnym kraju
Co niektórzy bardzo dobrze się mają
Nawet nieźle biznes kręcą
Zasłaniając się pamięcią.

Narodowa pycha buta
Została w narodzie wykluta
Uczciwość i dobroć zaszczuta
I dlatego tak się dzieje
Że taki stan rzeczy istnieje.

Dla odmiany

**Lew**

Życie to los jest wygrany w karty
Los płata figle i jest uparty
Raz się wygrywa czasem przegrywa
Jest niewiadoma różnie to bywa.

Dawnymi czasy przed złotym wiekiem
Światem lew rządził i było nieźle
Wydawał krótkie zwięzłe rozkazy
Lecz nie powtarzał nigdy dwa razy.

Pewnego razu lew na spacerze
Coś więc zobaczył aż litość bierze
Bose obdarte na kogoś czeka
Wtedy to właśnie spotkał człowieka.

Dał człowiekowi strawę i ciepło
Tym samym stworzył dla siebie piekło
Lata mijają i czas się zmienia
Kogo ma wybrać lew do rządzenia?

Wołu lamparta żyrafę wielką
Słonia krówkę może mrówkę
Tyle to ofert w kolejce czeka
W końcu pomyślał może człowieka.

Wół będzie ciągnął sprawy mozolnie
Żyrafa długo i nie pasuje
Lampart jest głupi to wszystko kupi
Świnia to zadba o swoje koryto
Wezmę człowieka na małą próbę
Cóż się pomylił na swoją zgubę.

Człowiek przebiegły myśli matole
Ja wyprowadzę to lwiątko w pole.
Z lwem więc poradzę i przejmę władzę
Wykopał doły nasz jegomości
Lew wpadł do dołu połamał kości.

I stracił rozum
Ryczał głośno grzywą ciskał
Ale mądrości już nie odzyskał
Może opowieść tą i ktoś kupi
Kto teraz rządzi? Kto?

**Protesty**

Protestujesz przeminęłaś
O co ci właściwie chodzi?
Że jesteś o osiem lat starsza
Wokoło teraz sami młodzi.

Że ci się w czubie pomieszało
Owłosiona a może łysa pało
A czego by się ciągle żądało
Skoro się już wszystko miało.

Proszę bardzo chcesz rozgłosu
Wybierz się w podróż do kosmosu
Skorzystaj z ciszy
Miewaj kaprysy.

Kombinowałaś psociłaś donosiłaś
Robiono jakieś szwindle
Typowe podsłuchy świńskie ryje
Długie bejsbolowe kije.

Dla odmiany

Na mównicy kłaniali się najemnicy i wandale
To wtedy nie przeszkadzało wcale
Podczas gdy rosła nędza i bezrobocie
Lęgły się muchy i kakrocie.

**Cięcia w budżecie**

Afera wciąż goni aferę
Zanieczyszcza atmosferę
Tak po prostu bez pojęcia
A budżecie ciągle cięcia.

Budżet jest to własność państwa
On reprezentuje ludzi
To co kryje się w budżecie
Odmienne uczucia budzi.

Banki wielkie korporacje
Darowizny i dotacje
Oszczędności w złocie srebrze
Wszystko się na budżet żebrze.

Bardzo dobrze się więc składa
Na każdego coś wypada
Więc na każdego człowieka
Kęsik z budżetu czeka.

Na tle okrągłego stołu
Wszystko wspólne do pospołu
Obywatel mądry władza
Kraj dobrobyt aż rozsadza.

Nagle kasę policzono
Coś w rachunkach się nie zgadza

Obywatel wpada w nerwy
Bardzo go wkurzyła władza
Domyślacie się więc przecie
Powstała dziura w budżecie.

Ambicję marzenia i twarze
Bo to ponoć budżet tak każe
Na biodrach nowe opaski
Te same twarze lecz inne maski
Te same problemy i stara scena
W innym wydaniu ta sama ściema.

**Koguciany problem**

Pewnej nocy małej kurze
Przyśniło się jajo duże
Owalne i nietypowe
Zielono pomarańczowe.

Jak je objąć i wysiedzieć
To dla kury jak pokuta
Kto zawinił w tym przypadku
Nikt inny to wina koguta.

To są jaja rzekła kura
Trzeba aresztować gbura
I natychmiast nie inaczej
Niech on to wszystko wytłumaczy.

W sądzie kogut w pierwszym rzędzie
Myśli jakoś to tam będzie
Głupia sprawa w dziwnych czasach
Na pewno dostanie w zawiasach.

Dla odmiany

Stary kurzy prokurator
A sędzia też nie amator
Znają się na tej robocie
Ogłosili dożywocie.

Smutny kogut i żałosny
Wyrok taki bezlitosny
Opadł grzebień w dziobie faja
Kur nie depcze takie jaja.

**Myślenie**

Myśleć to nie prosta rzecz
Teraz do przodu i wstecz
Myśli dobre czy też złe
Powinieneś wiedzieć że
Myśli żyją bo się rodzą
Błądzą rządzą skaczą płaczą
Można myśli czasem wyśnić
Skrócić zepsuć i wyrzucić
Lub po prostu zbałamucić.

Myśli w duszy są zawarte
Mądre rozsądne uparte
Ukryte w czynach i głowie
Decydują o losie i mowie.

Myśli wiele ciężka waga
Duma roztropność rozwaga
Mądre głupie kołtuniaste
Kolorowe wyraziste.

W ślad za myślą idą czyny
Tak po prostu bez przyczyny

Szanowane należycie
I wdrażane w nasze życie
Pomyślicie uwierzycie.

**Ideał**

Zostałeś ideałem to bardzo dobrze
Stworzyłeś sobie idealny świat
Swój własny bez wad
Silny koszerny nie ciasny.

Żyjesz zgodnie ze swoją potrzebą
Niebieskie idealne niebo
Różnokolorowe kwiaty usłane
W pierścieniowe koliste wzory
Czułe słowa swojska mowa
Łopocząca na wietrze flaga
Prawda i odwaga.

Nie dziwi cię dobrobyt zero nędzy
Karawany napełnione złotem
Góry diamentowe korony
Okalające głowę?

Proste usłane dywanowe ścieżki
Cicho spokojnie żadnej zamieszki
Beztrosko chrupiesz twarde orzeszki
Miłość która nie ma końca
Zniknęły cienie pełno słońca
Sale do tańca kościoły do różańca.

Ale ten twój świat istnieje tylko w bajce
Napisany gęsim piórem na papirusie
Zawiera dobre i złe strony

Dla odmiany

Chcesz dowiedzieć się o tym więcej
Zapytaj się żony.

**Kapryśna Danka**

Same wdzięki usta lube
W tali wcięta nogi chude
Zakręcony w górę nosek
Podbystrzony rudy włosek.

To jest właśnie panna Danka
Jest wesoła śmieszna fajna
Lubi tańczyć dokazywać
Swoje wdzięki pokazywać.

Mieszka w pięknym dużym domu
Okolica tu zaciszna
Jest samotna i dziewica
Lecz niestety jest kapryśna.

Bo los czasem figle płata
Piękną damę wciągnęło w lata
Dzisiaj Danki urodziny
Skończyła sto cztery lata.

Ale trwa i jest do wzięcia
Długo czekała na księcia
Książę raz się trafił jeden
Nie wytrzymał minut siedem.

Poprosił o rękę panny
Danka każe
Wszedł do wanny
To był właśnie kaprys panny

Poparzony wypadł z wanny
Do tej pory biedak skrzeczy
I oparzeliny leczy.

Raz oświadczył się jej Pankracy
Ukląkł z szampanem na tacy
A kiedy odkręcał od szampana kurek
Przypadkowo strzelił w górę.

Dobry chłopak silny modny
Przez wypadek jest niepłodny
Zepsuł całą atmosferę
Został starym kawalerem.

Co tam lata mówi panna
Jeszcze czas do zakochania
Powiedziała dziś do Krysi
I dlatego tak kaprysi.

Antka nie chce i się dąsa
Nie zachwyca jego wąsem
Co tam wiązać się na stałe
Z jakimś dziwakiem alfonsem.

Maniek chłop z niecałą setką
Wczoraj zaciął się żyletką
Tak na Dankę się zapatrzył
Zapomniał i się nie oświadczył.

Wziąć faceta z taką szramą
Lepiej zostać starą panną
Chociaż śpi ale kaprysi
We śnie ideału szuka
Do stu dwudziestu razy sztuka.

Dla odmiany

**Pogoda i deszcz**
Pokłóciła się pogoda z deszczem
Czy ty deszczu myślisz jeszcze?
Ciągle padasz chlapiesz kropisz
W końcu siebie samego utopisz.

Spadasz z góry mieszkasz w wodzie
Jesteś potrzebny bardzo w przyrodzie
Ale po co te powodzie?
Ludziom wciąż przeszkadzasz jeszcze
Duży nie potrzebny jesteś.

Deszcz się długo nie odzywał
Myślał długo głową kiwał
Trzeba będzie dolać deszczem
Pogodzie dokuczyć jeszcze.

A pogodę trzęsie febra
Z nieba leje się jak z cebra
Na całej ziemi z wiosną
Bardzo zrobiło się mokro.

Pogoda nie wytrzymała
I do mrozu się udała
Pomóż mrozie ludzi szkoda
Przez ten deszcz jest zła pogoda
A na ziemi znów powodzie
Zrób coś mrozie.

Mróz pomyślał trochę jeszcze
Mogę porozmawiać z deszczem
Może trochę też ochłonie

Musi mnie wysłuchać jeszcze.

Deszcz nie słucha mocniej pada
Mróz się wkurzył zamrożę dziada
Szybko starań tak dołożył
Padający deszcz zamroził.

Deszcz wkurzyło to okropnie
Zamarzniętej wody sople
Zmarzły rzeki i jeziora
Na pogodę przyszła pora.

Co tak cierpieć o czym gadać
Deszcz pomyślał muszę spadać
Muszę przestać często gadać
I z pogodą się dogadać.
Bo padanie ciągłe szkodzi
Nie posłucham mróz mnie zmrozi.

I posłuchał deszcz sąsiada
A więc od czasu do czasu popada
A pogodzie już nie szkodzi
Mróz od czasu do czasu mrozi.

**Głodomor**

O czym mam pisać nad samym świtem
Gdy całe niebo jest w chmurach skryte
O fanatyzmie głupocie modzie
Czy o rozrywce istnieniu głodzie?

Syty i głodny dwie różne sprawy
Problem to duży nawet ciekawy
Więc na początek naszego dzionka

Dla odmiany

A krótko mówiąc ziemskiej wędrówki
Czy ci się podoba czy nie podoba
Musisz skorzystać z lodówki.

A więc by rolę swoją wypełnić
Musisz w środeczku coś tam zapełnić
Najlepiej płyny dać za początek
Więc dolać wody wykonać wrzątek.

W godzinach rannych normalna sprawa
Jakaś herbata mleko czy kawa
Czynność śniadaniem ta się nazywa
Zjadasz kanapkę chrupki warzywa.

Rada jest dobra broń się
Nie nadużywaj piwa i załatwione
Unikaj głodu
Ruszaj do przodu.

Obiad kolacja i mała drzemka
I przeminęło i nie ma dzionka
I tak codziennie zimą i wiosną
Ciało rozwijasz cycki ci rosną.

Wspomnę o pannie jej złotej duszy
Trochę otyłej bo jest przy tuszy
Co się z trudnością w wannie porusza
A na posadzkę wycieka sadło
Coś by się może i nawet zjadło.

Stop droga moja nie tędy droga
Mówi poeta
Natychmiast dieta
I gimnastyka a panna nie ta

Panna westchnęła nie kocha diety
I z przejedzenia zmarła niestety.

**Długi**

Krótki długi i obszerny
Wymyślony przesunięty
Wszystkie długi się spotkały
Ale heca Boże Święty.

Ten na plusie tamten dłużny
Kwadratowy i kulisty
Całe rzeki wody strugi
Tylko długi długi długi.

Dług kosmiczny i światowy
Polityczny ekonomiczny
Fizyczny teoretyczny
Pożyteczny i niebezpieczny.

Dług wdzięczności i miłości
Jest prawdziwy pożyteczny
Lea w praktyce i teorii
Bywa także niebezpieczny.

Długu nie posiada Bóg
Człowiek ma u Boga dług
Bóg mu kazał żyć za darmo
Prosto czysto i ofiarno.

**Więcej**

Boli głowa plecy ręce
A hrabiemu trzeba więcej

## Dla odmiany

Myśli chciwy co tu zrobić
Żeby tak więcej zarobić.

Dom ogromny psie zaprzęgi
Pani w sukni złotej bieży
Na dziedzińcu wytłaczany
Złoty piękny dywan leży.

Ciągłe uczty gry biesiady
Goście kawior jedzą z michy
Wielkie skrzynie pełne złota
Płyną co dzień z Ameryki.

Hrabia dziedzic nienażarty
Jest bezduszny i uparty
Posiadł wszystko pola lasy
Parobkom zaciska pasy.

Na dziedziniec dotarł goniec
Z listem że to pana koniec
Z góry piszą że do nieba
Dziś hrabiego tam potrzeba.

Jak wykupić się od śmierci
Hrabia blednie tyłkiem wierci
Gotów jest dużo zapłacić
Żeby tak życia nie stracić.

Lecz na życie nie ma ceny
Hrabia musiał zejść ze sceny
Zostawił złoto i pole
Wylądował gdzieś na dole
Złożony ciężką chorobą
Nic chciwy nie zabrał ze sobą.

**System ziemski**

Stworzony na obraz i podobieństwo Boga
Wyznaczona wytworzona życia droga
Pełna niespodzianek i niewiadomych zdarzeń
Przerywanych często marzeń.

Iść przez życie tak po prostu na co dzień
Tonąć w głębinie skakać przez ogień
Budować rozwijać się i wymagać
Buntować się zwyciężać niedomagać.

Nagle zawirowało powstała pustka
Pękło ci serce wysiadła trzustka
Brakuje powietrza i świsty w płucach słychać
Co teraz zrobić jak masz oddychać?

Problemy narastają i tworzą się same
Niedawno pożegnałeś mamę
Być może ojca czy brata
Zabrano do wiecznego świata.

Trudno się pogodzić z tym co nastąpiło
To co się stało z tak potworną siłą
Ogromne poczucie bezsilności
W tobie się wyzwoliło.

Co robić jak się zachować
Bić głową o ścianę
Zbierać strwożone myśli
I szukać przyczyny liczyć straty
Tutaj winnych nie znajdziesz
Same przyszły baty.

Dla odmiany

Choroba zwyczajnie nie boli
To ciało tak duszę uwiera
Skończył się czas zapisany
Trzeba się zwijać umierać.

Wieczorem czy rankiem w południe
Na dworze lato kwiaty pachną cudnie
Wyszedłeś na spacer z jamnikiem na sznurku
Spotykasz kostuchę śmiejącą się zalotnie
Co to wtedy się stanie gdy ciebie kosą dotknie
I to całkiem legalnie nie po kryjomu
Kto małego pieseczka przyprowadzi
Do domu twojego kolego?

Bo życie jest formą pokuty
Marsz dobiegł do końca skończyły się nuty
Ostatnie akordy muzyki zamilkły organy
Nowe teraz nastąpi.

**Skarbonka myśli**

Wszechświat wspaniały przestrzeń bezkresna
Ze wschodem słońca wrota otwiera
I budzi wszystkie żywe istoty
Nowe starannie myśli dobiera.

Pełzające myśli jak błyskawice
W jednym szeregu tak poskładane
I do działania w każdej jednostce
Z wielką precyzją przygotowane.

Skarbonka myśli ta niewidzialna
Ze wschodem słońca i biegiem w czasie

Nieokreślona lecz odczuwalna
Lecz zawsze żywa prosta prawdziwa.

To co na czasie w tej oto chwili
Stare się kończy nowe przybywa
Wielka machina boska przyczyna
Niespotykanie prosta prawdziwa.

**Modne Pendolino**
Życie piękne lepsze modne
Pociągi teraz bardzo wygodne
A coraz to większe szybkości
Dużo uśmiechów radości.

Siedzi hrabia z tęgą miną
W nowoczesnym Pendolino
Pije piwo i się śmieje
Cóż nic złego się nie dzieje.

Złe znajduje też przyczyny
Nagle się skończyły szyny
Maszynista wniebowzięty
Liczy kolejne zakręty.

Nie pożegnał się z rodziną
Przez to zwinne Pendolino
I we własne urodziny
Odchodzi do wiecznej krainy.

W telewizji głoszą media
To ogromna jest tragedia
I wynikła z tej przyczyny
Bo w nocy ukradli szyny.

## Dla odmiany

Sprawa śledztwa nowe światło
Zwykłe kłamstwo oczywista
Pendolino na zakręcie
Miał mili około trzysta
Gnał do przodu tylko świstał.

Śledczy szybko na trop wpadli
Po wypadku szyny skradli
Kto do zajścia się przyczynił
Kto tu tak naprawdę zawinił?

Śledztwo wznowiono od nowa
Grupa międzynarodowa
Sprowadzili trzy jamniki
Psy z dalekiej Ameryki
Wszyscy węszą zewsząd swąd
Kto zawinił gdzie jest błąd?

Z dali słychać też odgłosy
Że na głowie stają włosy
Bo kupując Pendolino
Nie było mowy o szynach.

Co też prokurator powie
Bo szyn nie było w umowie.

Po czym pędził Pendolino
Na liczniku prawie trzysta
Coś tu śmierdzi nie pasuje
To jakaś sprawa nieczysta.

A i słuchać nie jest miło
Pociąg pędził szyn nie było

Zginęły tak liczne rodziny
Przez jakieś kawałki szyny.

I powstaje nowy układ
Wziął nagrodę ten co ukradł
Szef się podał do dymisji
Ale pozostał w komisji.

Pendolino po kryjomu
Wywieźli na kupę złomu
Tyle straty tyle strachu
Tyle wstydu i obciachu.

Chcesz używać Pendolino
Wpierw pożegnaj się z rodziną
Po co wsiadać w taki pociąg
I osiągać te szybkości
Lepiej więc pozostać w domu
W zdrowiu szczęściu i miłości.

**Wszechświat**

Zmęczona ziemia po dziennym trudzie
Na zasłużony sen się układa
Ostre promienie wielkiego słońca
Wzorzystym cieniem dywan rozkłada.

Nadeszłej nocy ciemnej i głuchej
Ostatnim tchnieniem dnia minionego
W galaktycznym trwaniu przestworzy
Gdzieś na przestrzeni zapisanego.

Trudno zrozumieć dnia przemijanie
Czy wielką ciemność co następuje

## Dla odmiany

Czas co przepłynął i co nadejdzie
Całunem nocy rozkosznie czuje.

Karty historii ziemskiego biegu
Wszystko się w dziwną całość zaplata
Uświęca chwile które przepłyną
Wartości wiecznej na krańce świata.

Cząsteczki myśli co przeminęły
W jedną się splotły życia przyczynę
Gdzieś zapisane w księgach przetrwania
Tworzą wspaniałą wieczną rodzinę.

Życie przemija znaczone troską
Raz się zapala i znowu gaśnie
Utrwala zwykłe ludzkie pragnienia
Gdzieś w przestworzach o różnym czasie.

Świecące słońce trwania podstawa
Jest we wszechświecie początkiem końcem
I wzorcem tego co niezbadane
W wielkie niepokonane boskie rydwany.

Wielkość i wszechmoc boskiej potęgi
Ciągle w przestrzennej dobroci
Znaczy zwykłej szczerości boskiego światła
To co niegodne trzeba wybaczyć.

**Marzenia Pyska**

Jestem od pół roku na rencie
Po zatorze i trzecim zawale
Ale czuję się nieźle
I nie przejmuje się wcale.

To nic że na koncie mam zero
I włosy czasami mnie bolą
Nie jest tak wcale tragicznie
I wszystko jest pod kontrolą.

To nic że lekarstwa są drogie
I płuco czasami wysiada
To Pysek się nie podaje
Choć czasem w kłopoty też wpada.

Pisze wiersze satyry
Przekłada różne papiery
A co ma robić jak chory
Wykręcać nietypowe numery.

Kiedy już sławę zdobędzie
To forsa za fraszki się przyda
Więc nowy napisze bestseller
Wyjedzie na wyspy Floryda.

A może wyjedzie nad morze
I z żoną obszerny dom kupi
Bo Pysek mizernie wygląda
Ale jak chce to się skupi.

Jeszcze o nim usłyszy
Europa i Ameryka
A jego cała rodzina
Puchar odwagi otrzyma.

Pysek uwierz naprawdę
Że kiedy już będziesz bogaty
Jeszcze na Capitolu

## Dla odmiany

Witać cię będą z armaty.

Teraz gdy jesteś zbyt słaby
To nie rwij się do roboty
Bo możesz przegiąć głuptasie
Narazić się na kłopoty.

Tereska wygra miliona
Dołoży do wspólnej kasy
Stać cię będzie poeto
Wyjechać z rodziną na wczasy.

A może kiedyś w przyszłości
Zabłyśnie dla ciebie gwiazda
Kupisz Teresce rubiny
A sobie lepszego pojazda.

Ja Stasio się teraz nie martwię
Odpowiedź mam na pytanie
Że to coś tak bardzo ważnego
Ma teraz do napisania.

Budzę się zawsze o świcie
I chociaż mi słabość doskwiera
Nigdy się nie załamuje
I nie mam zamiaru umierać.

Gdy widzę swoją Tereskę
Wspaniałą kochaną i drogą
Idziemy trzymając się za ręce
Tą samą życiowy drogą.

## Co przyniesie nam kolejny dzień?

Co przyniesie nam kolejny dzień?
Trzecia w nocy przerwany słodki sen
A na dworze widnieje i świta
I ranek się budzi do życia.

Pragnę dalej w tym błogim śnie być
Tak mi dobrze chcę dalej śnić
Choć nastaje kolejny dzień
A po nocy pozostał cień.

Było tak miło i błogo
Wędrowałem świetlaną drogą
O wstającym słońcu w porannym brzasku
Obok łączka zielona przy szumiącym lasku.

W ten ciepły wiosenny poranek
Pomyślałem nazbieram kwiatuszków na wianek
Dla swojej kochanej dziewczyny
Dla fantazji z tej okazji.

Było mi ciepło i błogo na duszy
Zakochany nazbieram jak najwięcej
I uścisnę jej delikatne ręce
Spojrzę w niebieskie oczy.

Moja słodka wymarzona dziewczyna
Mieszka w przydrożnej chatce
Może nie mówić matce
Wybiegnie na spotkanie.

Niesiony porannym wiatrem
Znalazłem dziewczynę i chatkę

Dla odmiany

Podarowałem jej piękne czerwone róże
Zebrane na łące kolorowe i pachnące.

I stało się sen się urywa
A dzień się zwyczajny zaczyna
To obok mnie przytulona
Ta sama wspaniała dziewczyna
Ta sama w mym śnie wyśniona.
Gdy wierzysz to sen ci się spełni
I duszę radością wypełni.

**Ptaszek**

Mały ptaszek przy odlocie
Usiadł na drewnianym płocie
I przyglądał się Teresce
Która bawiła się z pieskiem.

A pogoda była brzydka
Wielkie chmury deszczyk siąpił
Ptaszek ten kręcił główką
Kombinował mocno wątpił.

Dlaczego to ja nie jestem pieskiem
A zwyczajną ptaszyną
Mieszkam w budce gdzieś na drzewie
Z trzyosobową rodziną.

Latem ujdzie w zimę krucho
W tym roku odmroził ucho
Ale marzną i pisklęta
Gdy nadejdzie zima przeklęta.

Ciężko zatem jest być ptakiem

Małym i to byle jakim
Jestem pewny ja to wiem
Chętnie bym się zmienił z psem.

Pieska głaszcze się po główce
I codziennie mówi cześć
Ten pobiega i kiwnie łapkę
A za darmo dają mu jeść
Trzeba słówko dziś nadmienić
I z pieseczkiem się zamienić.

Rzekł więc ptaszek      drogi piesku
Przestań bawić się z Tereską
Nie zaprzątaj pani głowy
Chodź podpisujemy umowę
Niech już pani do domu idzie
Zamień się ze mną chociaż na tydzień.

Piesek więc posłuchał ptaszka
Co tam tydzień mała fraszka
Ale ten to pomysł męski
Nie okazał się zwycięski.

Piesek ciężki był biedaczek
I nie pofrunął do góry
Zahaczył o jakąś gałąź
I wpadł do ogromnej dziury.

Na ptaszka zaczaił się kotek
Więc musiał umykać przez płotek
Minął tydzień w jednej chwili
Piesek z ptaszkiem się znów zamienili.

A Tereska się cieszyła

Dla odmiany

Gdy pieseczka zobaczyła
Opatrzyła mu rany
Chodź do domu mój kochany.

Ptaszek więc wyfrunął stąd
I zrozumiał własny błąd
Schował piórka pod kołdrę
Oj zamiany są niedobre.

**Wyspa tęsknoty**

Tęsknić za czymś ciągle nowym
Wesołym i kolorowym
Iść do przodu za ciosem
Zmagać się z losem.

Dźwigać ciężar codzienności
W imię obowiązku miłości i rzetelności
Umierać z miłości płynąć na fali
I co dalej?

Skąd wytrzasnąć własną wyspę tęsknoty
I tęsknić nieprzerwanie
Prawdziwie rano nawet we śnie
Samotnie na bezludnej wyspie wcześnie.

**Pijany niewdzięcznik**

Wiadomo co złe zdziałać potrafi
Bo wyjęte jest spod prawa
Złe różnie czyni
Kombinuje i pogmatwa.

Diabeł piwa tak nawarzył

Przypadkiem diablicę zdradził
I robił różne przekręty
Dlatego został wyklęty.

Mała wioska droga polna
Nocka ciemna cicha głucha
Zewsząd pusto dookoła
Nigdzie ani żywego ducha.

Wiatr powiewa zawierucha
Diabeł głodny i zziębnięty
Porozrywane zszargane obłudne
Obtarte kopytka i pięty.

Nagle stanął widzi krzyże
Zbystrzał i uszami strzyże
Ale mądry był sobaka
Szybko zmienił się w żebraka.

Zbliżył się więc do kościoła
Krzyczy głośno że umiera
Nagle światło zabłysło
Drzwi plebanii ktoś otwiera.

Pan wysoki ze świecą w ręce
W czarnej po stopy sukience
Ktoś ty pyta i po nocy
Ktoś potrzebuje pomocy?

Czort pomyślał u diaska
Całkiem nawet niezła laska
Okrąglutka miła powabna
I jeszcze spódnica czarna.

Dla odmiany

Pastor w sutannie choć nie młody
Doświadczenie miał niemałe
Od razu zrozumiał wszystko
I poznał prawdę całą.

Więc bąknął coś o tej sprawie
Futro rozłożył na ławę
Gospodyni zawitała
Zrobiła jadło i kawę.

Czarcio to też sztuka bystra
Wyciągnął piekielne pół litra
Które przyniósł w swojej teczce
Więc rąbnęli po szklaneczce
Z pastorem i gospodynią młodą
Popili święconą wodą.

Pastor wytrzymał choć był stary
Skorzystał z ogromnej wiary
Jak mocna jest woda święcona
Diabeł o tym się przekonał
Cały sadzą się osmalił
W dwie minuty ogniem się spalił.

Lecz do piekła nie powrócił
Błąkał się dzień po plebanii
Pastor go dopadł i wyrzucił
Bo dobierał się do kasy
Przepadł biedak uciekł w lasy.

**Podatki**

Proszę spojrzeć na odciski
Na kciuku czy średnim paluszku

I zrozumieć te wywody
Na odciskach są dowody.

Kto pracuje umysłowo
Kto fizycznie
Kto za darmo sobie bierze
Wyjaśnione jest dokładnie
Na zwyczajnym komputerze.

Czyś jest chciwy czy leniwy
Prosty skromny czy prawdziwy
Jak żyć będziesz czy masz zyski
Wszystko pokażą odciski.

Technika dziś stoi wysoko
Na tego co bierze przymyka się oko
Bo może ma większe wydatki
Niechcący omija podatki
Wydaje na drogie prezenty
Wysokie a z niskiej renty.

Ile to trzeba się namęczyć
Nad komputerem wyślęczyć i naprosić
Żeby na niezłe konto w Toronto
Tak po grosiku naznosić.

A wydatki coraz większe
Ludzi przybywa na globie
Zupa w misce coraz rzadsza
Gdzie schabowy gdzie dodatki
Wstyd pożyczać od inwalidki matki
W biurze daleko na górze
Znowu podnieśli podatki.

## Dla odmiany

Od przymusu od luksusu
Coś dla gustu nie z przymusu
Od uśmiechu i pośpiechu
Od humoru i od smutku
Od tęsknoty i głupoty i do skutku
Musisz płacić krasnoludku.

Zwolniono tego na górze
Dziewczynę tańczącą na rurze
Mamusię z dziesiątym dzieckiem w ciąży
I tego co zapłacić nie zdąży.

Gdy chcesz więc zyskać nie stracić
Musisz się spóźnić i nie zapłacić
Pracujesz bogactwa nie widać
Ale na twoim pisze odcisku
Do bogactwa było blisko
A po drodze było ślisko
I kolejne widowisko.

Kto zarobił a kto stracił
Kto zapłacił kto się zagapił
Ktoś po drodze się utrapił
I z rozpaczy wódy napił.

To prawdziwe są przypadki
Jeden ojciec cztery matki
Jedna firma trzy sukcesy
Pałac biura mercedesy.

A na wiosce rwetes lament
Złożono się na atrament
I na jedno gęsie pióro
Pod parlament jazda furą

Ciągnioną przez dziwnego osła
W parlamencie jest panika
Nie pośledzi urzędnika
Tylko jakiś dziwny skuter
I jakiś zepsuty komputer.

Towarzysze się zbiesili
I parlament opuścili
I z niewiadomej przyczyny
Nawiali do Argentyny.

Leżysz więc spokojny dumny
Nie wiesz nawet na dodatek
Że od twojej zwykłej trumny
Rodzina musi zapłacić podatek.

Do widzenia drodzy bliscy
Zniknęły z paluszków odciski
I nareszcie drogi bratku
Zwolniono cię od podatku.

**Nie wróżyć sobie**

Małe szanse czy te duże
Wszystkie spisane na górze
Nieświadomość to potęga
Przeznaczenie nas dosięga.

Czy jesteś dziwny czy uparty
Nie próbuj ogrywać karty
Bo wszystko niebawem przegrasz
I nigdy się nie odegrasz.

Najgorzej się można i wkurzyć

## Dla odmiany

Więc nie próbuj z karty wróżyć
Bo gdy nie sprawdzą się losy
Stracisz rozum albo włosy.

I wszystko ulegnie zagładzie
Przekonasz się na swoim przykładzie
Stracisz więc wszystko samolot lotnisko
Zostanie as kier i mnóstwo zer.

Przykład prosty taka karta
Nie przychodzi jest uparta.

Nigdy nie wróżyłem sobie
Pomyślałem dziś to zrobię
Być może wygram fortunę
I gdzieś daleko pofrunę.

A wiadomo czasy ciężkie
Nie wygląda to tak ładnie
Jak nie posiadam niczego
To z czego mnie złodziej okradnie.

Biorę talię w obie ręce
Do góry do przodu i kręcę
Piątym razem same asy
Cztery króle cztery damy
Pomyślałem ale frajda
Dzisiaj fortunę wygramy.

Ale grać to czym i z kim
Gdy w portfelu zero proszę
Do kasyna nie wpuścili
Z jakimś tam śmierdzącym groszem.

Pomyślałem jak się wkurzę
To fortunę sam sobie wywróżę
Rozłożyłem więc pasjanse
Zrozumiałem dziś mam szansę.

Patrzę w lewo tylko euro
Jeszcze mocniej z większą werwą
Łypie więc na prawą stronę
A w środku same zielone.

Myślę kotku bierz co w środku
Dużo tego ale przełknę
Od bogactwa nie ucierpię
W końcu poczułem się lepiej.

Noc normalna ale ranem
Przecieram oczy zaspane
W moim czarnym neseserze
Wyskoczyłem tak jak leżę
Na poduszce pod poduszką
Zaścielone całe łóżko.

Myślę sobie durniu stary
Wywróżyłeś więc dolary
Ile tego nie wiadomo
Porozrzucane po domu.

Pozbierałem szybko forsę
Zamknąłem drzwi i kotary
Znikła troska zwykła szarość
Pomyślałem tak kolego
Dorobiłeś się na starość.

Radość przerwał dziwny smutek

Dla odmiany

Co ja zrobię z taką kasą
Kupię może nowe auto
Zbuduję wielki dwór pod lasem.

A tymczasem.

Podrapałem się po głowie
I wrzasnąłem w niebogłosy
Obejrzałem się w lusterku
Tak straciłem wszystkie włosy.

Co tam włosy myślę sobie
To jest pestka mam dolary
Nagle z kąta się odzywa
Jakiś głos ochrypły stary.

Coś zdziwiony ty matole
Nie za dobry byłeś w szkole
Darłeś psy goniłeś koty
Forsa znikła do roboty.

Prawda wszystka kasa zniknęła
Szkoda płakać nic tu nie ma
Jakieś moce złe mnie naszły
Czy się rozstąpiła ziemia
Został w środku sznur literek
Poprzedzony zwykłym zerem.

**Przebaczenie**

Nigdzie się nie musisz spieszyć
A tak łatwo jest nagrzeszyć
Bo to bardzo niebezpieczne
Można stracić to co wieczne.

Liczy starzec kasa pusta
A uczynków dobrych mało
Bo przez całe długie życie
Tyle grzechów się nazbierało.

Co tu począć czas się odchudzić
Co ja teraz zrobić muszę
By wymazać wszelkie winy
I oczyścić własną duszę
Życie od nowa zaczynać
Nie da się z babką wytrzymać.

I niestety stara głowa
A czas jest już określony
Więc pomyślał stary dziadek
Lepiej się poradzić żony.

Moja droga dobra żono
Byłaś kiedyś narzeczoną
Ty zostałaś moją żoną?
Kopnij dziada w tyłek butem
Jesteś mądra znajdź pokutę.

Żona patrzy nie przelewki
Krawat i garnitur szary
Co to pewnie mąż odchodzi
Chociaż nie jest taki stary.

Wyprostuj się rzecze babka
Stań normalnie tak na palcach
I w ramach tej właśnie pokuty
Zaproś swoją żonę do tańca.

Dla odmiany

Stary chrząka tyłkiem wierci
Tańczyć tak na końcu życia
Sto dwa lata wczoraj skończył
Nie ma nic tu do ukrycia.

Myśli nie da się już nabrać
Lepiej będzie może zagrać
Choć brakuje mu pamięci
Zagra niech się babcia kręci.

Nie dla babki ta zagadka
Babka pochwyciła dziadka
Przypomniały jej się czasy
Walce hopki obertasy.

Obracają się bez przerwy
Dziadek uspokoił nerwy
Babka rzuca się jemu na szyję
Krzyczy    wiem dla kogo żyję.

Były brawa i uśmiechy
Bóg przebaczył i Święta Matka
Umorzono grzechy dziadka
Znikły również grzechy babci
Nie musi zakładać kapci.

**Lekarstwo na inteligencję**

Z postępem cywilizacji kultury
Nauki sztuki malarstwa
Czy w postępach medycyny
Wzrasta popyt na lekarstwa
A choroby Święty Boże
Nikt policzyć ich nie może.

Bóle głowy i żołądka
Przewlekłe nerwowe stany
Ostro tępe zapalenia gorączka
I przeziębienia dotkliwe obżarstwa
Wymagają dziś lekarstwa.

Więc na przykładzie panny Leonki
Mówię o tym a to czemu?
Używa szminki do chorych ustek
Nie żałuje przy tym kremu.

Długo stojąc na przeciągu
W otwartym na oścież oknie
Buzia cała rozpalona
A od westchnień oczy mokre.

Trzyma talię nie je i pości
Zachorowała z miłości
A na miłość nie ma rady
Doktor zalecił okłady
Ale Zygmunt w delegacji
I daleko do wakacji.

I mamy zakończoną chorobę
Dziewczę przejęło się i zasłabło
I z ławeczki spadło
Więc do łóżka pod przymusem
Tabletki ze spirytusem
Wyzdrowiało więc kochanie
Dziewczyna jak malowanie.

Dla odmiany

**Beztroska**

Zwyczajne proste lekarstwo
Łykasz jeden lub dwa proszki
Jesteś teraz jakiś inny
Śmielszy zdrowszy jakiś boski.

Śpisz spokojnie i nie fikasz
I nad nikim się nie znęcasz
Znika kłamstwo i obłuda
I zmęczenie i utruda.

Wyzdrowiałeś ciągasz mopa
Milsza jest ci Europa
Wszyscy są milsi i spójni
Wreszcie znalazłeś się w Rumi.

Choć należysz do Biformy
Nie psioczysz na jakieś reformy
Nie udzielasz się w Popisie
Co ci tam po jakimś Zwisie.

Nie bierzesz nic na potencję
Odzyskałeś inteligencję
Przez takie tanie proszki
Stałeś się inny beztroski.

**Emeryt duch**

Anioł stróż się bardzo zmęczył
Odszedł z pracy tej soboty
Obowiązki i układy
Stary już nie dawał rady.

Nie spuszczasz człowieka z oka
A poprzeczka tam wysoka
Przydzielany do rodziny
Praca dwadzieścia cztery godziny.

Duch pilnował pięknej panny
Patrzył jak wychodzi z wanny
Na piękny uśmiech miłosny
I często bywał zazdrosny.

Panna też nie była głucha
I czasami czuła ducha
Promieniała z namiętności
On był duchem lecz bez kości.

Anioł stróż złych myśli nie miał
Lecz się z panną nie pożegnał
Tylko nisko skłonił głowę
Złożył raport i gotowe
Westchnął tylko spojrzał w górę
I odszedł drogą świetlaną prostą
Na emeryturę boską.

Nowy stróż z niebieskich zstąpił
Starego ducha zastąpił
Dużo musi się nachodzić.
Kapryśnej pannie dogodzić.

**Rodzaje wódek**

Powiedzmy tak bez ogródek
Tyle jest na świecie wódek
W butelkach tylko słodycze
Wódki kurze czy indycze.

Dla odmiany

Małe owalne i duże
Kręcone szturchane błękitne
Stroskane mętne ambitne
Czasami to pieprznie przykre.

Wiadomo że whiskey nie niszczy
Po jednym to buzia się błyszczy
Po litrze spojrzenie bystre
Macieju Malinko Dymitrze.

Tej pani to wódka nie szkodzi
Wygląda piękniej i młodziej
I żwawiej się jeszcze porusza
Aż rośnie dobrzeje w niej dusza.

A w wódce jest tyle fantazji
Jak do spożycia okazji
I co tam narzekać wymądrzać
Nie musi nam picie przeszkadzać.

Wypijmy za zdrowie na miarę
Ale ostrożnie z umiarem
By nie zasłużyć na karę
Żeby chociaż dożyć setki
I nie pozginać sylwetki.

**Hobby**

Hobby lobby logistyka
Prawda duma fantastyka
Co dzień wszystkich nas dotyka
Tak jak wszystko nam umyka.

Ktoś tam lubi pisać czytać
Śpiewać pływać czy rysować
I uprawiać dziwne sporty
Strzelać gole chodzić w korty.

Jak więc w życiu się odnaleźć
Jakie hobby starać się znaleźć
Żeby nie stać się leniwym
Bezużytecznym i chciwym.

Dobrym hobby są marzenia
Bo marzenia nie kosztują
Co się jeszcze może zdarzyć
Pożytecznym jest pomarzyć.

Może więc na internecie
W sklepie w domu toalecie
Nasuwają się marzenia
To nas bardzo samych zmienia.

Marzenia w każdej porze roku
Bobasa o jego pierwszym kroku
O nowej miłości przyszłości
Odrzucają wszystkie smutki.

W marzeniach wystrzegaj się wódki
Gdyś na urzędzie posadzie czy na polu
Sędzino posłanko robolu
Proszę wystrzegaj się marzeń
Topiąc myśli w alkoholu.

Marzenia pijane kosztują
Stwarzają problemy i kace
Można wpaść w różne opały

Dla odmiany

Stracić dumę dom i pracę.
Marzenia na gazie za kółkiem
Pociechy ci więc nie przyniosą
Bo nagle się mogą zakończyć
I duszę twoją w dal siną uniosą.

**Rajd samochodowy zwyciężyła Tereska**
Telewizja rządzi światem
Ciągle nowe wiadomości
Dziś prezydent znów wspominał
O pokoju i miłości.

Piłka nożna i futbole
Brad Pitt dostał nową rolę
W Hollywoodzie nowy dżez
W Białym Domu zginął pies.

A programów jest tysiące
W Europie świeci słońce
W Australii się ściemniło
Wieżę Eiffla pochyliło
Na Syberii płonie szopa
W Brytanii buchnęli laptopa.

W Afryce spłonęły domy
Nad Syberią latają balony
Umiarkowane wiatry nad Szwecją
I śnieżyca nad Berlinem
W Meksyku przymknęli świnię.

Więc przerzucam te programy
Co tam jeszcze co tu mamy

Na pięćdziesiątym kanale
Nie spodziewałem się wcale.

To jest jakiś program nowy
Ogólnonarodowy zwarty i krótki
A leci niemal przez przerwy
I nowy bo to rajd samochodowy.

Aż zamarłem z przerażenia
To jakby we mnie piorun uderzył
Aż włos na głowie się zjeżył
Zdążyłem sięgnąć po proszki
Bo chyba bym tego nie przeżył.

Za fajerą w Mercedesie
Na dużym plazmy ekranie
Zobaczyłem swoją żonę Tereskę
Nie do uwierzenia panie.

W czarnym i obcisłym dresie
Zapięta w skórzane pasy
Jakaś reklama lampasy
A za siedzeniem jej zwisa
Kudłate futerko z tygrysa
Helmet przepaska niebieska
To prawdziwie moja żona
Najdroższa Kochana Tereska.

Coś takiego wczesnym rankiem
Ale mamy niespodziankę
Moja żona w tych rozgrywkach
Nawet o tym nie wspomniała
Ona gdzieś jest na wyścigach
I po medal się wybrała.

Dla odmiany

Samochodów różne marki
Stoją równo jak zegarki
Droga widoczna i czysta
Będzie walka w tym jest sedno
Do wygrania miejsce jedno.

Huk motorów i warczenie
Przyprawiło mnie w omdlenie
Ale co się tam przejmować
Trzeba żonę dopingować
Strzał się rozległ dymu chmura
I ruszyli pełna rura.

Tereska zerka z lewej strony
Wciska sprzęgło gaz do dechy
Pisk opony i maszyna na obrocie
Po kłopocie.

Aż z wrażenia oniemiałem
Coś takiego w życiu nie widziałem
Tyle gazu i od razu
Z zera z mety takie przejście
Ale zrozumiałem teraz
To walka o pierwsze miejsce.

Tereska tnie pierwsze zakręty
A mnie zmroziło w pięty
Coś w rodzaju odrzutowca
Rakiety sportowego bombowca.

Gdzie się tego nauczyła
Jakie trzeba to mieć nerwy
By ogarnąć sytuację

I przed siebie gnać bez przerwy.

Nagle patrzę ale skok
Ktoś ją trącił w lewy bok
I odpadły dwa zderzaki
To był Francuz Peugeot taki
Dodał gazu użył tryka
Wyrzuciło przeciwnika.

A Tereska bez zderzaków
Trochę nawet się wkurzyła
Jeszcze mocniej przycisnęła
Więcej gazu dorzuciła.

Gna przed siebie i na piątce
Znalazła się w pierwszej dziesiątce
W białym kasku kręci głową
I robi minę bojową.

A kamera ją objęła
To się nawet uśmiechnęła
Lecz skupienie ją przycisło
Mnie z wrażenia w fotel wcisło.

I wzruszenie nagłe przyszło
Nie daj się dzieweczko uparta
Taka jazda to nie żarty
Wiem na pewno że dasz radę
I nadzieję w Tobie kładę.

I ostatnie dwie minuty
Z wrażenia kręcę się sapię
Aż mi z nogi spadły kapcie
Zatkało mnie ledwo oddech łapię.

Dla odmiany

Tereska dodała gazu
Zapaliły się opony
Prześcignęła Rolls Royce
Robiąc unik z lewej strony.

A czujniki aż zawyły
Dwa lusterka jej odpadły
Maska w górę się uniosła
Amortyzatory siadły.

Prawie meta to już metry
W górę lecą czapki swetry
Głośne brawa i wiwaty
I odgłos salwy z armaty.

Tereska dodała gazu
Wychyliła się od razu
I się stało zakończone
I pierwsze miejsce zapewnione.

Zwyciężyła w cztery rundy
O jedną tysięczną sekundy
Była pierwsza od Brytana
Pan rozumie proszę pana.

Pierwsze miejsce Ameryka
To zwycięstwo zasłużone
Stasio Pysek jest szczęśliwy
Dumny i podziwia żonę
A później się całej prawdy dowiecie
Że Tereska jest najlepszym kierowcą na świecie.

Drugie miejsce ma Germania

Zdobyła je Deutsche Ranja
Na zielonym Wotzfagenie
Trzecie miejsce Wania Hoża
Z dalekiego Zaporoża
Co ćwiczyła w pegeerze
Cztery lata na rowerze
Aż to dziwne że do steru
Przeszła tak szybko z roweru.

Taki jestem wniebowzięty
Że musiałem łyknąć proszka
Żona Stasia z Ostrołęki
 Z domu panna Sokołowska
A Prusińska teraz z męża
Tak zwycięża.

To że dobrym jest szoferem
To jest prawda nie ma mowy
Ale żeby jeszcze mocniej
Być naprawdę aż rajdowym
I po prostu wyjątkowym.

Szybko opuściłem domek
Wykupiłem wszystkie róże
I wazony i doniczki
Małe średnie i te duże.

Powiem co się działo potem
Przyleciała samolotem
Do domku naszego z powrotem
Zagotowałem jej mleko
Nie wiem ile ma na czeku.

Łzy aż cisną się ze szczęścia

Dla odmiany

Sukces wielce przebojowy
Niech nam żyje nade wszystko
Tereska kierowca rajdowy.

**Pod obcą banderą**

Mijają sekundy minuty godziny i dni
Wielki okręt połacie milowe przemierza
Na oceanie wielka fala wiatr hula
I wielkie nadzieje wyzwala.

Dokąd zmierza tyle dusz wyrzuconych
Z jakiej przyczyny
Oderwani od kraju rodziny marynarze
Co im każe?

Skupieni w jednym marynarskim ognisku
Różnych narodowości być może z konieczności
Wydani na łaskę i niełaskę morskiego potwora
Pod obcą banderą
Skrytych marzeń nieprzespanych nocy
Z nadzieją powrotu nieprzewidzianych zdarzeń
I zmagań z wichrem i czasem.

Nareszcie jest upragniony ląd
Być może Meksyk Karaiby czy Polska
Matka Boska ta sama na meksykańskim wzgórzu
Czy w australijskim kościele mówi tak wiele.

Pod obcą banderą mija szybko życie
Być może powołanie swoje wypełniasz
Zarabiasz na życie jak wielki bojownik hero
Pod obcą nie swoją banderą.

## Góral Alfred Badyl

Alfred Badyl ten ma gest
Wczoraj zniknął dzisiaj jest
Nagle zamiótł go wiatr halny
Dziś jest znowu namacalny.

Alfred jest z zawodu bacą
Nie pracuje ale płacą
Ktoś pomyśli co tam baca
Pasie owce nie ma kaca
Ale czyni to dla gości
Z bardzo wielkiej przyjemności.

Badyla to życie nie pieści
Żyje dla górskich opowieści
Wozi gości tak wysoko
Dorożką nad Morskie Oko.

Baca też posiada trzodę
Cztery owce i barana
Rozmawiają po angielsku
Bo uczone proszę pana.

Żona bacy Veronika
Robi sery i nie psioczy
Jak przekroczysz to czy tamto
Może spuścić tęgie manto.

Córka Magda jest sołtyską
Głowa w górze biust wysoko
Będziesz grzeczny nieciekawie
To ciupagą i po sprawie.

## Dla odmiany

W Tatrach chociaż niepogoda
Góral zawsze rękę poda
Gdy pośliźniesz się ze skały
Czyś jest duży ciężki mały
To możesz po Tatrach pobiegać
I na Badylu polegać.

**Patrzeć na ręce**

Uniwersytety szkoły państwowe
Kształtują serca postawy głowę
Studia są mądre wymagające
Studia stojące i leżące.

Szkoły Rządzenia Buntu Miłości
Politowania Krachu Zazdrości
Wszystko na czasie do konieczności
To co możliwe proste odważne
Mówię prawdziwie ja tu nie kręcę
Szkoła o nazwie Patrzę Na Ręce.

Patrzę Na Ręce to taki układ
Nic nie widziałem a wiem kto ukradł
Tu edukacja trwa cztery lata.
Można zapisać siostrę czy brata
Wuja i stryja ciotkę i męża.

Szkoła jest świetna tam się zwycięża
College nikomu też nie podlega
Bo dyrektorem jest mój kolega
Wszystko jest proste krótkie wykłady
I płacisz tylko zwykłą złotówkę
A tak ogólnie za studia stówkę.

A po skończenie masz immunitet
To coś takiego jak ta sejmowa
Tak jak ukradniesz to wszyscy widzą
Tu nic przed nikim się nie uchowa.

Zaczynasz sprawę stawiasz diagnozę
Kto ukradł dużo a kto ma układ
Patrzysz na ręce i po minucie
Dajesz odpowiedź ukradł nie ukradł
Każdy paluszek wszystko pokaże
Ukradł w fabryce w sklepie czy barze
Sam czy we dwoje twoje czy moje?

Ukradł prywatne czy też państwowe
Gdzie łupy schował czy dostał w głowę
Który go strażnik przez plecy zdzielił
Kto użył broni i z czego strzelił.

Czy to był prostak uczony czy hrabia
Może znajomek i czy rozrabiał.

Absolwent szkoły daje wyroki
Przez kilka minut zbada wyskoki
Wykryje szajkę i każdy układ
Wskaże na tego i ile ukradł
Po takiej szkole więc pomyśl waść
Wcześniej czy później też możesz wpaść.

**Kura i morze**

Sprawy ważne małe duże
Raz się przywidziało kurze
Pomyślała kiedyś szybko
Zamienię się ze złotą rybką.

Dla odmiany

Po co znosić zwykłe jaja
Na koguta ciągle liczyć
Lepiej fruwać na dnie morza
Robić skrzydła i się nabzdyczyć.

Dobrze rzekła złota rybka
Do decyzji takiej szybka
A co mi tam jestem złota
Dla mnie to prosta robota.

Ale zwykle różnie bywa
Rybka mieszka już w akwarium
Romansuje ze szczupakiem
Płotką leszczem i z kimś jeszcze.

A co robi zmokła kura
W wodzie inna jest kultura
Łazi po dnie dziubie raczki
Oblała egzamin pływacki.

I wieloryb na nią gdyba
Bo z kury to żadna ryba
Kogut spróbował wodą się opił
Nie dopłynął i utopił.

Pozostała rezerwistką
Zrobiła się dziwna inna
I straciła stanowisko
To w ogóle rzeczy zmienia
Kura wyszła za jelenia.

## Znaczyć coś

Istniejesz a więc co znaczysz
Bo nie może być inaczej
Myślisz ważysz kombinujesz
Ważne zawsze to co czujesz.

Racje bycia zamierzenia
Prawda fałsze i radości
Duch w osobie i narodzie
Egzystencja w jednej zgodzie.

Czas pracy śmiechu smutku
Biegnie w parze aż do skutku
Życie stwarza różne formy
Czasem odbiega od normy.

Program ludzki osobowy
Duch odrębny narodowy
W jedną całość nas zespala
Działanie boskie wyzwala.

Ziemski czas nasz obliczony
Określony zamierzony
To stworzyć będziesz mógł
W tym pomaga ci sam Bóg.

## Miłość na odległość

Prawda męstwo niepodległość
Niepodważalne to atuty
Nieodparta chęć do życia
Czasem przykrość ciasne buty.

## Dla odmiany

Prostej drogi równoległość
Tak jak miłość na odległość
Miłość sprawa to nie prosta
Do miłości się dorasta
Gdy dotyczy to małżeństwa
To czasami nas przerasta.

Narzeczona narzeczony
W jeden węzeł połączony
Zwyczajna życiowa normalność
Po prostu nierozerwalność.

Równe prawa równe szanse
Różne sprawy kontredanse
Czasem coś się może zdarzyć
I coś złego się przydarzyć.

Różne sprawy i uległość
Mamy miłość na odległość
A patrzymy sobie w oczy
Jak się później los potoczy.

On za wodą ona w kraju
Bardzo dobrze się już znają
W Ameryce w Europie
Tęsknią mocno za ojczyzną
Za rodziną za krainą
Paczka znaczki i nagrania
I na urodziny wino.

Telefonował zawsze w niedzielę
I zapewniał o miłości
Wszystko padło posmutniało
Właśnie przez te odległości.

To nie jedyny przypadek
Zestarzał zgarbił się dziadek
Rodzina się powiększyła
I jedna osóbka przybyła.

To mówiąc o mężu czy żonie
Po jednej czy drugiej stronie
Cóż winne są takie maleństwa
Tworzone przez nowe małżeństwa.

Przestrogą być może odległość
I miłość i niepodległość
I nowa się sprawa rozwikła
Z tej sytuacji wynikła.

Być może jest miłość silniejsza
Co odległości te przetrwa
Na zawsze zostanie z małżeństwem
Po którejś kolejnej klęsce.

**Dążenia humana**

I w teorii i w praktyce
W rezultacie całe życie
Jest oparte na marzeniach
Na pracy i odpoczynku
Zwyczajnych ludzkich dążeniach.

Dążyć od dziecka za młodu
Zdobyć dobre wykształcenie
Wydać za mąż czy się ożenić
Wszystko zgodnie z przeznaczeniem.

Dla odmiany

Życie tak upływ szybko
Lat przybywa a wraz z wiekiem
Doroślejesz i mądrzejesz
Pamiętaj że jesteś tylko człowiekiem
Coraz śmielsze masz dążenia
Osiągnięcia i marzenia.

A w praktyce bywa różnie
Warstwy społeczne i stany
Świat się zatem ciągle zmienia
A ze zmianami dążenia.

Ktoś kto objął wielką władzę
Być może wielkie bogactwo
Nieuczciwie się dorobił
Przez krzywdę i zwykłe matactwo
Wydaje mu się że jest Bogiem.

Ale w życiu różnie bywa
Nasze dążenie przerywa
Jakieś nagłe wydarzenie
Niszczy miłość i dorobek.

Na przykład przez taką chorobę
Piękna pani i bogata
Zachorowała na raka
Medycyna i cierpienia
I dążenia jej przepadły
Lecz życie na tym polega
Że nawet jak coś nam dolega
Starajmy się dobrze je przeżyć
Z losem należy się zmierzyć
I dążyć do prawdy i wierzyć.

**Problem alkoholowy**

Zgromadzenia i przemowy
Trend ogólnonarodowy
Zaproszenia i odczyty
Zamierzenia i dążenia
I niedozwolone chwyty.

Od zarania się wyłania
Bo wychodzi z prostej mowy
Taki bardzo niepotrzebny
Problem jest alkoholowy.

To związane jest z browarem
Czasy nowe przeszłe stare
A produkcja ciągle żywa
Więc nie może zabraknąć piwa.

Piwo w knajpie w dużej chłodni
Z piwem żyje się wygodniej
Możesz wypić to masz szczęście
Próbuj piwa jak najczęściej.

W telewizji są reklamy
Takie proste i na żywo
Ktoś tam na tym biznes kręci
Bo browar dziś pastor poświęcił
Wydać grosza to nie szkoda
To coś jak święcona woda.

W restauracji czy w barze
Wiem dokładnie bo tam łażę
Po spowiedzi przy niedzieli
To się zawsze flaszkę strzeli.

## Dla odmiany

Trzeba walczyć z alkoholem
I nie odejść do rezerwy
Trzeba jednak nie przesadzać
Nie upijać się bez przerwy.

Życie proste kruche krótkie
Po to więc stworzono wódkę
Żeby zalać wszelkie stresy
Niech się zawsze głowa cieszy.

Zwyczaj więc jest prosty taki
Po robocie hej chłopaki
Legalnie nie po kryjomu
Strzelić klina i do domu.

Ile wiosen tyle majów
Tyle wódki jest rodzajów
Wódka często czyni grozę
Może skończyć się powrozem.

Wódka fińska chińska grecka
Staropolska i radziecka
Jak pociągnąć tego dużo
Też okaże się zdradziecka.

Bimber z cukru zalewajka
Może rzucić się na jajka
Więc uważaj pod kontrolą
Nigdy nie zagryzaj solą.

Wódka stwarza minę miłą
Raz do przodu raz do tyłu
Coś się nawet poknociło

Pomyliły się ulice
Zakręty i przecznice
I po drodze tej z lokalu
Klient znalazł się w szpitalu.

W środku boli pęka główka
I kolejna odwykówka
Strata kasy jak się patrzy
Psycholodzy i psychiatrzy.

A to temu wódka winna
Niebezpieczna zła nagminna
Ciekła gorzka i w butelce
Szkodzi wielce.

**Wnuczka i królik**

Królik umarł krzyczy wnuczka
Pewnie to zrobiła Mruczka
Ta kocica od sąsiada.
Babcia do pokoju wpada.

Królik w klatce drzemie smacznie
Coś widocznie ma ze słuchem
Babcia rękę wyciągnęła
Podrapała go za uchem.

Malec nagle się obudził
Poprawił futrzaną czapkę
A z radości aż zamruczał
I ugryzł w paluszek babkę.

Dziadek w sąsiednim pokoju
Dziwne hałasy usłyszał

Dla odmiany

Zrozumiał co tu się stało
I na królika krzyczał.
Króliczek to wszystko zrozumiał
Przeprosił i babcię i wnuczkę
I wszyscy zgodnie pobiegli
Odwiedzić kocicę Mruczkę.

**Esemesy**

Hej techniko moja miła
Coś ty ze świata zrobiła
Tak powoli i od zera
I prostego komputera
I zwykłego oto chłopa
Obdarowałaś w laptopa.

Zamiast kochać i pracować
I rodzinę szanować
Facet wciąga modne dresy
I wysyła esemesy.

Żeby tylko do rodziny
W tym nie widać żadnej winy
Ale z jakiejś to zachcianki
Esemesy śle do kochanki.

Takiej treści że go pieści
W domu cicho aż telepie
Żona coś tam wywęszyła
On nadaje       jestem w sklepie
Jest kolejka osób trzysta
To sprawa brzydka nieczysta.

Prawda z tego więc wynika
W barze z żoną polityka
A w chałupie dziecko chore
Nie ma czasu z tej przyczyny
Przez takiego esemesa
Rozpadają się rodziny.

Teścia nie stać na żyletki
Spracowany koło setki
A teściowa na Bałkanach
Esemesa śle do pana
Jestem taka utyrana
Kąpiele i ciągłe okłady
Na pewno nie wrócę do domu
W tym miesiącu nie dam rady
Pa kochany mój złocieńcu.

Teściu zrobił minę cienką
A w lodówce pustki chłód
Jak przeżyję będzie cud
Przeczytał teść esemesy
I odszedł do świętej Teresy
Do patronki dobrych ludzi
Więcej się nie będzie trudził.

**Zima**

Kto ustalił roku pory
Nie wiadomo do tej pory
A to bardzo wielka szkoda
Bo tak ważna jest pogoda.

Rok zaczyna się od zimy
Na własne oczy widzimy

## Dla odmiany

W osłupienie aż przyprawia
Co ten nasz styczeń wyprawia.

Z takiej oto szarej chmurki
Śnieg napadał na pagórki
Marzną sowy i wiewiórki
W stawach leszcze marzną jeszcze.

Genia odmroziła oko
Wacek wdrapał się na drzewo
Niefortunnie się poślizgnął
I w kolanku pękła noga
Olaboga olaboga.

Z Wieśkiem było bardzo krucho
Po użyciu samogonu
Do domu niewiele metrów
Z ledwością wrócił do domu
Ale został nawrócony
Bo klapsa dostał od ciepłej żony.

Całe miasto wioskę całą
Białym puchem zasypało
Śniegu stosy hałdy metry
Nie przestaje dmie bez przerwy.

A mróz mrozi to za karę
Trzeba zamrozić to co stare
Stare uszy głowy pięty
Biedę zwidy i przekręty.

Dobrze tak morały prawić
Przy kominku ogniem się bawić
I wyglądać przez okienko

Renta niezła i nie cienko.

Więc kożuszek ciepły włóż
Hej na dworek ale już
Chłopcze starcze czy panienko
Z radosną na ustach piosenką.

Naciągnij czapeczkę na uszy
Och jak miło śnieżek prószy
A może z samego rana
Ulepmy dużego bałwana.

Nie wolno się smucić i płakać
Lecz rzucać kulkami i skakać
Niechaj zniknie z buzi troska
Uważaj nie odmroź noska.

Babcia dziadek mloda wnuczka
W środku śniegu dziury drążą
Wyjdź na spacer młoda matko
Nie przejmuj się swoją ciążą.

Na saneczki na pagórki
To nic że nam marzną pazurki
Hartujmy buzie różowe
Choć sypnie i śniegiem na głową.

Hola hola hopsa sasa
Młoda panna
W biały śnieżek daje nurka
Co tam pannie gęsia skórka.

Śnieg za darmo tak bez forsy
Wybiegają młode morsy

Dla odmiany

Hartowanie wzmacnia siły
Świat się staje lepszy miły.

**Piękna zima**

Zima jest piękna z daleka i bliska
To nic że groźna czy może śliska
I może mroźna wietrzna i głucha
Choć sypie śniegiem jest zawierucha.

Śniegiem pokryte lasy i pola
Wierzba przydrożna dzika topola
I świergot ptaków nagle zamiera
A słońce wcześniej do snu się zbiera
Dzień się zakończył noc czas zabiera.

Z nastaniem nocy latarnie świecą
Cień głuchej nocy na miasto kładzie
I gwar ucichł nastała pustka
W ciszę się zmienia jak po biesiadzie.

Księżyc rozsiewa światło na strony
Piękny jest w zimie
W zimie rozkwita wiele miłości
Ludzie się śmieją weselej prościej
W rzece zamarza woda ukrycie
Cóż zatem robić cieszmy się życiem.

**Zgodnie z płaczem**

Kiedyś może wytłumaczę
I kreseczką na papierze
Ale tego nie zaznaczę
Gdy prawdziwie nie zapłaczę.

Tak by myśleć dziwić i skakać
Zwyczajnie uczciwie zapłakać
I do tego mieć powody
Nie narobić przy tym szkody.

Płakać głupio przy okazji
Dla rozrywki i fantazji
Ze zgryzoty na pogrzebie
Płacz się wydobywa z ciebie
Ze mnie z nas z rodziny
Wszyscy robią smutne miny
Do płaczu zabrakło przyczyny
Dlatego z dużego pośpiechu
Starajmy powrócić do śmiechu.

Płacze ciotka Antka dusza
I babka co się nie rusza
Już nie płacze tylko leży
Od płaczu tak wiele zależy.

Płacze dziennie tygodniowe
Nawet roczne niewidoczne
Powodują silne skutki
I działają na wzór wódki.

Płacz masowy na polu bitwy
Płacz mafijny i zazdrosny
Ranny dzienny czy wieczorowy
Jest na biedę nieodporny.

Płacz bogaty i biedaczyny
Bardzo krótki i nieznaczny
Kogo spotka szóstka w totka

## Dla odmiany

Płacz pijacki ten z przechwałki
Przez różne typy gorzałki.

Łza się i zakręci w oku
Gdy żona coś kręci na boku
Gdy krasula padła w chlewie
A teściowa tak po cichu
Przywaliła w zięcia michą.

Płaczą panie i panowie
Narzeczeni już po słowie
Pannie młodej siekną po łzy po licach
To ze szczęścia bo dziewica.

Płacz z zamęścia się opłaci
Na dobrym płaczu nie stracisz
Płacząc czyń uczciwe gesty
To zakochasz się do reszty.

Płaczą wszyscy naszła trwogą
Nawet pastor nieżonaty
Płacz ostrożnie nie za głośno
Lepiej rzadziej i na raty.

## Groźny Zeus

Starożytna Grecja padła
Wielkość boskość się przejadła
I na pewno nie natura
To zdziałała tam kultura.

Na Olimpie wielkiej górze
Stały tak posągi duże
Że sięgały aż do nieba

I patrzyły gdzie potrzeba.

W samym środku Zeus boski
Dzieło tej największej troski
Wielki potężny i dumny
Mądry sprytny i rozumny.

Zeus miał postaci kilka
Jak zechciał zamienił się w wilka
Nieraz nawet w czarownicę
Albo w burą niedźwiedzicę.

Chociaż na Olimpie siedział
Wszystko i o wszystkich wiedział
I był wszędzie w jednej masie
Zawsze się wyrabiał w czasie.

Zeus miał prawdziwą żonę
To wiadomo piękną Herę
A na boku też kochanki
A po jaką to ch...

Były na Olimpie zwady
Ciągłe kłótnie i parady
Zeus nigdy nie darował
Ale ognia nie żałował.

Wzniecał ogień żar i łunę
Czasami trafiał piorunem
Aż się w końcu udobruchał
Najpierw rzucił później słuchał.

Jak więc głosi prawda stara
Był porządek była kara

## Dla odmiany

Na ofiary mięsa świeże
Talerze ze złotem szczerym
Głównie z polecenia Hery.

Hera również kocha męża
To Zeusa czasem rozrusza
A wiadomo ma kochanków
Przystojnego Poloniusza
Napalony choć spokojny
Trochę smutny kruche kości
Ale zdolny do miłości.

A gdy Zeus jest na łowach
I gdy Herę boli głowa
Amadeusz ją zabawia
I w humorek jej poprawia.

A na dole grody farmy
Wielkie słonie dzikie konie
Niewolników wielkie stada
Każdy o Olimpie gada.

Do roboty biegnie kłusem
Bardzo trzeźwy nie z przymusem
Wszystko co wymaga Zeus
To pozostaw tego nie rusz.

Pan w świątyni cuda czyni
A biedota wylękniona
I strwożona na kolanach
Koło skały przerażona
Do Zeusa wznosi modły.

Kto jest butny czy nadęty

Zeus mu przypali pięty
I niczego nie przepuści
Wrzuci do ciemnej czeluści.

**Upadek Zeusa**

Było fajnie tak jak co dzień
Na Olimpie zginął ogień
Choć na górę nie tak blisko
Ktoś w nocy buchnął ognisko.

Co miał zdziałać srogi Zeus
Przedtem poważny i dumny
Nic bez ognia by nie zdziałał
Więc wszedł do głębokiej trumny.

Przedtem dobrze się owinął
Bo to było zgodnie z planem
Natarł swoje boskie ciało
I grubo pokrył balsamem.

Hera chciała go obudzić
Piszę więc na papirusie
To że kiedyś mnie zdradziłeś
Dziś przebaczę ci Zeusie.

A w Zeusie braknie ognia
Boskie ciało się skurczyło
Chciałoby się lecz nie może
Rzucił się wraz z trumną w morze.

To przez ogień nie nazwisko
Stracił boskie stanowisko
I skończyła się legenda

## Dla odmiany

Gdzieś tam pływa grecka menda.

**O co chodzi?**
Ktoś wymyślił kocią łapę
Inny znów ojczyznę zdradził
Przypadkowo dostał w czapę
Bo wszędzie swój nosek wsadził.

Dąsy pląsy hamowanie
To na nasze czasy modne
Bluzy w pasy porąbane
I porozrywane spodnie.

W górę serca to weselej
Żwawiej prościej modniej śmielej
Główka w górę zadrzyj noska
Obca jest nam jakaś troska.

Co tam zima skocz do rzeki
Śmiało hartuj młode ciało
Nie wycofuj się płyń do przodu
Używaj życia za młodu.

Co tam grzechy zwykłe proste
Czasem zdrzemnąć się pod mostem
Martwa cisza nikt nie chodzi
To ci nigdy nie zaszkodzi.

Igraj z ogniem i dokazuj
Strachu na się nie pokazuj
Miłym i uprzejmym bądź
Dobrze rządź.

Stroń od wodnych alkoholi
Czasem to dobrobyt boli
I obcemu rączką pomachaj
Przed byle czym się nie strachaj.

**Życiowe myśli**

Dróg jest wiele kręte proste
Szerokie czasami wąskie
Długie krótkie i zawiłe
Równoległe i pochyłe.

Noc poranek dzień od nowa
Czasem może puste słowa
Zwyczajna droga myślowa
Najważniejsza z tej przyczyny
Przerodzona w ludzkie czyny.

Od zarania powstałej ludzkości
Drogą usłaną z radości
Heroizmu patriotyzmu
I zwyczajnej codzienności
Napotykamy po drodze
Różnego rodzaju trudności.

Życie płynie czas się skraca
Dzień jak co dzień ciągle praca
Zabiegana panna i dziadek
Nikt za darmo nie nakładzie.

Żeby życie dobrze przeżyć
Trzeba ufać mocno wierzyć
Tęsknić marzyć śnić na wietrze
Wtedy życie będzie lepsze.

Dla odmiany

Ktoś zajęty bardzo pracą
Nie każdemu dobrze płacą
Duże musisz się namęczyć
Na suchy chlebek oszczędzić.

**Pożałowano**

Pożałowano i to mnie
Uprzejmości fantazji i dowcipu
To co chciałem stworzyć piękniej
Jest zwyczajnie tak do kitu.

Wygrać bitwę to kimś być
Trzeba w zgodzie z duchem żyć
Nie wydziwiać a się udzielać
Nie lenić się za....

Dostałeś od życia szansę
Pracowałeś nad balansem
Ktoś ci pokrzyżował plany
Na duchu zostały rany.

Choć kłaniałeś się uprzejmie
Byłeś może i na górze
Gdzie robiono duże jaja
Czasem małe wbrew kulturze.

Nie wiedziałeś gdzie uderzyć
Jak więc chwile dane przeżyć
By uniknąć komplikacji
Wyrzekać się swoich racji.

Siły podupadły z wiekiem

Stajesz się innym człowiekiem
Włoski z główki ci wypadły
Futra w szafach mole zjadły.

Zrobiłeś się zły i żałosny
Jak kora odarta od sosny
I o co się jeszcze spierasz
A sumieniem poniewierasz.

Pożałowano ci tego właśnie
Co ci się nie należało
Więc ostrożnie i roztropnie
Czyń by kogoś nie bolało.

**Zdarzenie w niebie**

Ale frajda proszę ciebie
Coś takiego i to w niebie
Wracając z niedzielnej szkoły
Zniknęły dwa młode anioły.

To jest sprawa nieciekawa
A obiadu przyszła pora
Gdzie więc zgłosić zaginięcie
O porwaniu czy rabunku?
A wiadomo w niebie nie ma
Detektywa i posterunku.

Przełożona od aniołów
Mądra i rozsądna dama
Nie miała innego wyjścia
Poszła zatem szukać sama.

Myśli pani zbyli towar

## Dla odmiany

Poszli sobie gdzieś na browar
Albo do lasu na grzyby
Może łowią teraz ryby.

Poszła steczką i nad wodą
Ujrzała aniołkę młodą
Rozebraną jak Bóg stworzył
Aż duch się w pani zatrwożył.

Coś słyszy     nie jestem sama
Ktoś obok szepcze jeszcze
I ujrzała dwa aniołki
Spoglądające na nagie dziewczę.

Tego było już za dużo
Pani biegnie z boską rózgą
I dotyka dwa anioły
Wracające na skróty ze szkoły.

I sprawa się wyjaśniła
Bardzo szybko w oka mgnienie
W grę nie wchodzi tu więzienie
Tylko ustne upomnienie.

Może to i brzydka sprawa
Młodzież w niebie też ciekawa
I przypadkiem to z niewiedzy
Czasami się kogoś śledzi.

Nie było tu winy dziewczyny
Rozebranej do kąpieli
W ciepłej wodzie przy pogodzie
Sprawa zatem zakończona
I na miejscu umorzona.

**Oświadczyny stulecia**

Odejdź chłopcze ja cię nie chcę
Niech cię inna w plecy łechce
Powiedziało tuż przy sośnie
Dorosłe dziewczę żałośnie.

Bo nie jesteś ty mnie warty
Wiem że jesteś i uparty
Nie mówię tego na żarty.

Chłopak długo myślał sapał
Po godzinie się połapał
Jestem zdolny i przystojny
Przeżyłem aż cztery wojny
Dwie światowe jedną naszą
Domyślam dlaczego
  Mnie to dziewczę nie chce.

Pójdę lepiej do opieki
Tam są darmowe leki
Tam to zmienią i pampersa
Nie jesteś ostatnia ani pierwsza
Zresztą to mi wszystko lata
Mam tylko sto cztery lata
Żegnaj Mania do widzenia
Poszukaj innego jelenia.

Mania rzecze na odchodne
Jam ubrana w ciuchy modne
Nie muszę już nosić kapci
A urodę mam po praprababci.

Wkurzyła się lekko przyklękła
Tylko stówka jej wczoraj pękła
A młodszego chłopca znajdę
I daleko jeszcze znajdę
Tak na wózku się oparła
I umarła.

**Kryzys**

Nie narzekaj bo źle nie jest
W kranach woda w piecu skwierczy
A na stole tłuste prosię
I sałatka w winnym sosie.

A w sypialni złote łóżko
Kotek drzemie pod poduszką
A w salonie pełno gości
Na buzi uczucie radości.

Spokój duszy nie masz stresa
Wsiadasz więc do mercedesa
Sprawdzasz konto nie jest źle
A więc po cóż martwić się.

W telewizji wiadomości
Widać ciągle nowych gości
Młode panie tęgie chłopy
Ściągają do Europy.

A dlaczego bo i po co?
Przecież w Europie bieda
Tu normalnie bez przekrętu
To zwyczajnie żyć się nie da.

Ten przeżyje kto ma wtykę
Gdzieś na boku coś uszczypnie
Politycznie coś dopadnie
Choć to nie wygląda ładnie.

A robotnik trwa bo twardy
Omijają go miliardy
I tworzone wspólne dobro
Łezki ociera pod kołdrą.

Nikt nie kradnie nikt nie bierze
Rosną sumy na papierze
A w teorii równe szanse
Słoń zaręczył się z szympansem.

Krach na giełdzie znowu donos
Małpa wyleciała w kosmos
Przypadkowo wzięła bomby
Powstały powietrzne trąby.

Miś się w konia zrobić nie dał
Małpie głupi program sprzedał
Chociaż tanio i za połowę
Straciła biedaczka głowę.

W kosmos jeleń wnet zawitał
Ten nikogo się nie pytał
I nie zważał na brewerie
Zrzucił bomby gdzieś na prerię.

Powstał ogień i zadyma
Miasto było miasta nie ma
Zostały zgliszcza nastała bieda
Tego opisać się nie da.

## Dla odmiany

W ogniu ziemia płoną domy
Błyskawice z nieba gromy
Krew się leje w lichej racji
W imię czyjejś demokracji?

Grobów ognia kwiatów zniczy
Nikt tu nigdy nie policzy
Ostała się jeno szopa
I głęboko w ziemi ropa.

**Problem przedszkolny**
Jakaś dzika samowola
To nieludzkie i zła wola
Ola dziś zakłopotana
Wyrzucili ją z przedszkola.

Taka fajna chociaż mała
Niczego nie przeskrobała
Dziecko w takiej sytuacji
W tym co piszę jest dużo racji
W dzień powszedni i przy piątku
Może zacznę od początku.

Jakaś nietypowa sprawa
Zaszła w nocy w edukacji
Okazało się że ci z Prawa
To nie mieli wcale racji
Rację mieli tamci z Lewa
Sytuacja się rozgrzewa.

Pełno widzów różnych gości

Słaba jakość brak miłości
Skoro dzieci czas wyrzucić
Może tak sprawy odwrócić.

Pan dyrektor ten od steru
Zsiadł z siodełka od roweru
W ręku teczki stos papierów
W obecności asesora
Tak zakrzyknął.

Przedszkolaki przyszła pora
Zgodnie z nowym mocnym prawem
Od dziś kończymy zabawę
To zarządu taka wola.

A opuści ten przedszkole
Co nie umie rokenrola
To nic że mu coś dolega
Że coś może w środku boli
O dziewiątej marsz do domu
Spodziewamy się kontroli.

I włączyła się muzyka
Wszyscy stoją nikt nie bryka
Proszę tańczyć i pokazać
Łzy się kręcą po kryjomu
Nie potrafisz marsz do domu.

Ola zbladła aż przysiadła
To dlatego że nie jadła
Krzysio stęknął Józek jęknął
Krysia się zaczęła wściekać
Ola próbuje uciekać.

Dla odmiany

A do domów tak daleko
A w przedszkolu darmowe mleko
A tu zaraz już a juści
Przedszkole trzeba opuścić.

Wszyscy naraz i od zaraz
Przez jakiegoś rokenrola
Mają nagle się pakować
I zniknąć z takiego przedszkola.

Tata w pracy mama w pracy
Myśli cicho Ola mała
Może by się teraz tutaj
Interwencja się przydała.

Ola szybko zadzwoniła
I policja się zjawiła
Bo numerki namierzali
I Olę aresztowali
Na komisariat zabrali.

I znowu kolejna wpadka
Wezwano matkę ojca i dziadka
Okazało się że Ola
Sama uciekła z przedszkola.

I odkryto prawdę całą
To przedszkole nie istniało
Bo to było już muzeum
Które kupił jakiś Leon.

**Debaty**

Duża scena a na scenie

Wiadomości po przecenie
Jakieś dziwne i nieskładne
Przekręcone gdzie popadnie.

A postacie jak zapusty
W stu procentach są upusty
Czyniąc darmą i ofiarną
Salę gwarną.

A gdy mowa o wynikach
Jakaś dziwna polityka
Że ktoś komuś się zwierzył nocą
Na śmigłowce pobiegł z procą
Na łatwiznę nikt nie liczy
Po co w zupie taki proch
Skoro dużo tańszy groch.

Tyle rzeczy jest na głowie
Każdy walczy o zielone
A życie jest takie krótkie
A dlaczego? bo szalone.

A debata po debacie
Głosowaliście to macie
Nowe prawa nowe sądy
Przereklamowane rządy.

Struny nowe a gitara
Taka sama jak ta stara
A melodia proszę patrz
Jakaś inna nowy gracz.

W leśniczówce to leśniczy
Kozy w świnie przejęzyczył

## Dla odmiany

Przyprowadził lwa na smyczy
Bo dobierał się do lwicy.

Za projektem nowy projekt
Na niebie pojawił się obiekt
Ziemię szybko przekręcili
Wszystkie sprawy odwrócili.

Na takiej to zwykłej debacie
Wójtowi zwinęli gacie
I guziki od koszuli
Kupi nowe to wybuli
A za czyje kupi głupi.

Dziwne padają wyrazy
Powtarzane tysiąc razy
O równości i rozwoju
O dojarkach i zegarkach
Euro dolarach i markach
O ojczyźnie utrudzonej
Całej w długach utopionej.

Ktoś na sali dostał kopa
W dali płonie stara szopa
Wodą gasić to za drogo
Oj ubogo oj ubogo.

W gminie w lutym sianokosy
Sołtyska kozę straciła
Bo nie była taka miła
I się kością zadławiła
A policjant postrzelony
Wrócił do nie swojej żony.

Wójt się uparł wziął pożyczkę
Żeby odbudować gminę
Wyposażył w piękne auta
Żonę wuja i rodzinę.

Głupia sprawa z tego wyszła
Bo na gminę kara przyszła
Została zalana wodą
Popłynęła wraz z przyrodą.

A w policji też przecieki
Nie stwierdzono żadnej rzeki
Skąd się wzięła taka woda
Mówić szkoda.

W cerkwi płonie ogień wieczny
Na wiosce nikt nie jest bezpieczny
Doszły nawet takie słuchy
Zakupiono karaluchy
Żeby zżarły całe mienia
Od początku urodzenia.

Wojna wcale się nie boi
Bo za wojną zgroza stoi
Przyciągnęli już armaty
Będą bronić każdej chaty
Precz rozróby niedoróbki
Wykupiono wszystkie kłódki.

Tępych ściągać łysych strzyc
Czas nadchodzi trzeba się bić
Bronić wartości i chrześcijaństwa
Szable w górę proszę państwa.

Dla odmiany

**Udręka**
Boli głowa włosy ręka
Chory kwili głośno stęka
Czyś jest prezes pan czy król
Wszystkim jednakowy jest ból.

Ból zrozumieć trzeba umieć
Nie osiągniesz więc kontroli
Gdy chusteczką łzy ocierasz
A w środeczku mocno boli.

Podnieść głowy zagryźć wargi
Odrzućcie wszystkie bzdurne skargi
Baczność spocznij i palulu
I po bólu.

To nic że złamałeś rękę
Że masz niewydolne płuca
Śmiało głośno nuć piosenkę
Rób wyskoki żwawo kucaj.

Różne bóle w różnym wieku
Nie załamuj się człowieku
Zagraj w totka o fortunę
Poluzuj w majteczkach gumę.

Cała naprzód wstecz do przodu
To nic że ci zabrakło kasy
Że ci piesek zeżarł mięso
A tobie rączęta się trzęsą.

Żonie zabierz okulary
Bo gdy widzi to się wstydzi

Żeby dobrze nie widziała
Że tak bardzo jesteś stary
I się świeci łysa pała.

Żono kiedy leżysz w łóżku
Nie zakrywaj się poduszką
Nie odwracaj się do ściany
Niech dotyka cię kochany.

Starość ci po kościach przejdzie
Bóle znikną i maleją
Trzeba zacząć już flirtować
Jutro będzie żyj nadzieją.

**Sędzia i osioł**

Sędzia to jest zawód trudny
Odpowiedzialny i nudny
Sądząc można kogoś skazać
Przy tym wiedzą się nie wykazać.

Sąd najwyższy to ten w niebie
Będzie sądzić mnie i ciebie
Prosta sprawa równe prawa
Niezależna i szeroka
Sędzia tam nie przymknie oka.

Sądy ziemskie chybotliwe
Niebezpieczne niestateczne
Sprawy błahe idiotyczne
Prawa stworzone przez ludzi
Co uczucia zmienne budzi.

Z której by nie spojrzeć strony

## Dla odmiany

Nie sądź bo też będziesz sądzony
Czyś cesarzem panem królem
Przyjmiesz wyrok z dumnym bólem.

Pewien osioł spod Wieniawy
Całe życie był ciekawy
Miał się dobrze bo żarł w rządzie
Trochę głupie podorędzie.

Kiedyś ukraść się ośmielił
I się łupem nie podzielił
By uniknąć samosądu
Został wezwany do sądu.

Więc rozprawa się zaczęła
Pani sędzia aż westchnęła
Panie ośle nadużycia
Kasa pusta bez pokrycia.

Takie nerwy ją poniosły
Co też wyprawiają osły
Prokurator to aż pobladł
Kraść w niedzielę o świcie
I to jawnie nie ukrycie.

Oskarżyciel posiłkowy
Zdjął kapelusz czarny z głowy
Wyjął jakieś dziwne mydło
I spod płaszczyka kropidło
I od razu osła zdzielił
Za to że się nie podzielił.

Prokurator podniósł nogę
Księgę czytał tuż za progiem

Zdążył tylko szepnąć słówko
Już odchodzę z Panem Bogiem.

A sędzina trzasła młotkiem
I rzuciła w osła spodkiem
W którym były żywe kwiaty
Koniec sprawy won do chaty.

To już koniec i po sprawie
Zakończyło się ciekawie
Osioł wolno zeżarł kwiaty
Dalej może być bogaty.

Jakie prawo takie sądy
Niezawisłe niebezpieczne
Nie bądź więc nikomu sędzią
A osiągniesz życie wieczne.

**Babcia ratuje dziadka**

W domu żałoba płacze dziadek
Aż mu z żalu dech zatyka
To się stało przypadkowo
Wszystko z winy komornika.

Wczesnym rankiem i przypadkiem
Dziadek zwykle ruszał babkę
A ktoś drzwi wyważył z buta
Dziadek patrzy babka skuta.

Myśli dziadek czy to sen?
Na podłodze babka w dzień
Tak przybita do podłogi
Coś się stało Boże drogi.

## Dla odmiany

Gdy tak patrzył na niebogę
Ktoś mu nagle podciął nogę
Ktoś to zrobił dziadek padł
Kto by na to kiedy wpadł?

Gość przystawił mu do łba lufę
W prawej ręce miał siekierę
W zębach też legitymację
I spleni swoją rację.

To komornik zrobił wpadkę
On przypadkiem zajął żonę
Matkę trojga dużych dzieci
Aż mu ślina z buzi leci.

Nie ma rady na układy
Cicho być nie wrzeszczeć dziady
A komornik kawał chłopa
Dziadkowi przywalił kopa
I poprawił ręką w czapę
Dziadzio opadł na kanapę.

Zaniemówił pobladł dziadek
I pomyślał czy przypadkiem
Gdy ten nie odnajdzie renty
Może nawet zgwałcić babkę.

A może chce zdobyć medal
I diabłu duszę zaprzedał
I na starość zerżnie dziada
Takiemu to wszystko wypada.

Komornik coś w barku zwietrzył

On nie będzie się tu pieprzył
Czyni wszystko zgodnie z prawem
Musi później przepić sprawę.

Powinności zatem czyni
Wyciągnął ciuchy ze skrzyni
Jakiś stary noktowizor
Czarno biały telewizor
Babci stringi adidasy
Dziadka spodnie i lampasy.

A na końcu z barku wódkę
Jak przekręcił dużą lufkę
I się upił głupek pusty
Z głupiej komorniczej rozpusty.

Babka to wykorzystała
Więc się szybko rozwiązała
I oswobodziła dziadka
Dobra żona bystra babka
Rozzłościła się na dobre
Komorniczą skuła mordę.

I trzasnęła kamienną poduchą
Ugryzła go w lewe ucho
Wykonała cztery znaczki
Używając ciężkiej packi
Bo komornik to pomylił
Starą babkę z młodą ciotką.

Jeden rok i dwa miesiące
Leczył się w szpitalu złotko
Babka z dziadkiem jest na wczasach
A komornik ma w zawiasach.

Dla odmiany

**Lustrzane odbicie**

Wczoraj dzisiaj również jutro
Jak ważne w życiu jest lustro
Bo lustro to nigdy nie skłamie
A sensu do życia nadaje.

Spójrz w lusterko Teresko
Cóż widzisz odbicie swej buzi
I nosek zadarty do góry
I taki fikuśny nieduży.

I dalej hej oczy niebieskie
Witają milutką Tereskę
A uśmiech na buźce serdeczny
Niezapomniany i wieczny.

Hej wspaniałe lusterko
Tereski oczęta kochane
Zerkają na prawo na lewo
Jak słońca promienie nad ranem.

A usta tak tajemnicze
I wyraz na twarzy spokojny
Nie widać tam gniewu i buntu
Konfliktów zadziory i wojny.

Lusterko Tereski nie skłamie
To prawda nie żadna utopia
Bo jest to prawdziwa i piękna
Tereski Stasia żony kopia.

Z lustrzanej dali wyczytasz

Charakter i dobroć jej duszy
I to co teraz czujesz
Do głębi buduje i wzruszy.

Bo miłość uczucie i wiara
Z oblicza Tereski przemawia
I wspomnień wzruszeń i prawdy
W odbiciu lustrzanym zostawia.

Tereska jest taka zabawna
Wspaniała i oryginalna
I to jest odbicie mojej żony
To jest najprawdziwsza
W prawdzie prawda.

**Wyspa tęsknoty**

Tęsknić za czymś
 Niespotykanym nowym
Iść w marzeniach za ciosem
Zmagać się z losem.

W dni powszednie i święta
Unosić do góry rączęta
Na plecach bez miary życiowe ciężary
Umierać z miłości płynąć na wzdętej fali
I co dalej?

Wieczności dożyć
Własną wyspę tęsknoty stworzyć
Tęsknić nieprzerwanie
Zadawać i odpowiadać na pytanie.

Pragnąć najgoręcej i brać

Dla odmiany

Z życia coraz więcej
Samotnie na bezludnej plaży
Tęsknić i nieprzerwanie marzyć.

Nie martwić że toń nas pochłonie
Nie ważne że kiedyś to nastąpi
I niebo marzenia zastąpi.

**Ogłoszenie**

W internecie ogłoszenie
Wprawiło mnie w osłupienie
Sprzedam działkę wraz z zagrodą
Ze stawem chałupą i niedrogo.

Jest tylko jeden warunek
Kupujący musi być chrześcijaninem
Prawym skromnym i cichym
Bez nałogów niepijący i niepalący
Bez nienawiści i pychy
Cena wywoławcza tylko dwie dychy.

To niedrogo proszę ciebie
Przykro mi bardzo jest jeden problem
Tylko to trochę daleko
Działka znajduje się w niebie.

**Zwykła pomyłka**

Przez nieostrożność dętkę
Z pijakiem pomylono rano
Zamiast koła do trucka
Pijaka napompowano.

Coś takiego w wielkim mieście
Gdzie wysoko przemysł stoi
Takie rzeczy się zdarzają
I ten ktoś się Boga nie boi.

Pijusa przekręca na różne strony
Wlecze się jak połamany
Wykręcony zmiętolony
Powietrzem napompowany.

Ale wyszło szydło z worka
Na jaw mój ty Boże
Wóda była w kompresorze
I gościa tak kac napieprza
Bo się nawąchał powietrza.

**Cel bogatego**

Był bogaty posiadał schedę całą
Grosiwo się w komodzie przelewało
Lecz był chciwy i ciągle mu było mało
Ten chciał by mu ciągle przybywało.

Kupił ryby w oceanie z wodą
Szedł uparcie za sukcesem i modą
Raz jedyny się tylko wygłupił
Z chęci zysku piekło kupił
Gdzie się teraz pojawi
W biurze na mieście czy parku
Wszystkie diabły mu siedzą na karku.

Przegiął bogacz co się zdarza czasami
Piekło to pestka to pomieszczenie
Ale gorzej jest wygrać z diabłami

Dla odmiany

A dlatego co nadmienię
Bo z grzechami po przecenie.

**Barcelona**

Wiele pięknych miejsc jest na świecie
Niepowtarzalnych na wzór czysto boski
Gdzie czas się na stałe zatrzymuje
Znikają wszelkie smutki i troski.

Skąpaną w złotym słońcu i dopieszczoną
Byłem tam i widziałem piękną Barcelonę
Nad Morzem Balearskim Katalonia żywa
Wśród ogromnych gór skalistych
Niezwykle prawdziwa.

Gdy oglądasz krajobrazy radość rośnie w sercu
Przypomina młodą parę na ślubnym kobiercu
Otuchy siły i chęci do życia dodaje
Kiedy obraz tej krainy przed oczyma staje.

Oniemiałem patrząc oczyma do góry
Podziwiając niezwykłe pejzaże natury
To nie był sen lecz rzeczywistość kolorowe niwy
Krajobraz żywy nad wyraz prawdziwy.

Wysoko na styku z niebem baśniowe zamczyska
Oplecione tajemniczością z daleka i z bliska
Zbocza gór urzekają czymś niewyobrażalnym
Co wydaje się
Nieprawdopodobnym i niepowtarzalnym.

Oglądając tą piękną krainę aż trudno uwierzyć
Człowiek przy pomocy Boga potrafi się zmierzyć

Z tym co istnieje jest żywe i widzialne
Piękno i wspaniałości tak niewyobrażalne.

**Prawda o Katalonii**

Ukazałaś mi Katalonio swoje oblicze
Posiadasz w sobie niezwykłe piękno
Skromność naturalną
Jesteś krainą cudów niezwykle realną.

Skrawku ziemi na przestrzeni wieków
Oglądając twoje piękno dostaje się wypieków
Wypoczywam na piaseczku rozpalonej plaży
Oczyma wodząc po niebie i beztrosko marzę.

Natura ciebie stworzyła piękna Barcelono
Zachwycam się twoim ogromem kulturą historią
Zrozumiałem rzeczywistość w oparciu z teorią
Jest niezniszczalną prawdą niczym nie zmąconą.

**Wspomnienia z Barcelony**

Dane mi było poznać skrawek ziemi świętej
U wybrzeży Morza Balearskiego
Napawać swoje oczy cudownymi widoki
Podziwiać ogromne góry doliny widoki.

Boskości kraina pozostała w mojej wyobraźni
Rozpaliła we mnie uczucie radości przyjaźni
To coś pojąć i zrozumieć sam nie jestem w stanie
I nie znajduje odpowiedzi na moje pytanie.

Myśli moje jak błyskawice przebiegają spójnie
Oczy wpatrzone w krajobrazy rozwarte źrenice

Dla odmiany

Podziwiają niepowtarzalne piękne okolice
Przecinane promieniami słońca kolorowe wstęgi
Dodają uroku górom znak boskiej potęgi.

Miasto życiem tętniące przestronne i czyste
Zapach świeżego chleba z pobliskiej piekarni
A wieczorem skrawki światełka z ulicznej latarni
Roześmiane twarze dziewcząt na wielkim bulwarze
Serdeczność na każdym kroku na murach pejzaże
Rzeczywistość jest niezwykle prawdziwa rozumna
Wiwat droga Barcelono wspaniała i dumna.

**Fajnie było**

Jestem bardzo radosny i rozanielony
Właśnie wczoraj opuściłem mury Barcelony
Pożegnałem to wspaniałe miasto wieczne
W którym spędziłem wspaniałe chwile ze swoją rodziną
Z Asią Tomaszkiem i Tereską
Wspomnienia nie miną.

Ktoś może nie wierzy niech w końcu się dowie
W Barcelonie nawet pisarz Pysek ustanie na głowie
A na gorącej plaży mimo drobnych rączek
Jest w stanie wydusić z siebie kilkadziesiąt pompek
Popatrzysz na krajobraz w mig ustąpi zaćma
Oddychasz górskim powietrzem i przepadła astma.

Ktoś tam z boku pomyśli że głupoty pieprzę
Byłem tam i wciągałem nozdrzami powietrze
Odzyskałem kondycję pozbyłem się stresu
Wygrałem z małpką zawody gnam bez dżipiesu.

Przyda się moja rada gdy jesteś zmęczony

Weź urlop na dni kilka leć do Barcelony
Pospacerujesz po górach stracisz stres i nadwagę
Posłuchaj skorzystaj z rad Pyska
Zrób to dla swojego dobra
Proszę miej odwagę.

**Extra myśli**

Powietrze jest przezroczyste
Prawda
Ziemię zamieszkują ludzie
Prawda
Ranek się budzi jest wspaniały i uroczy
Prawda
Patrzę mojej kochanej żonie Teresce
W niebieskie duże i figlarne oczy
Wielka prawda.

Jej spokój mi siły podwaja
Daje chęci do życia i mnie uspokaja prawdziwie.

Kiedy robię dziwne rzeczy
Prawda
Ona dopiero daje mi wciry
Święta prawda.

**Chrzciny Gabriela i Noego**

Są chwile spotkań miłe serdeczne
Niezapomniane i ciągle nowe
Forma spędzenia czasu rodzinnie
Budzi uczucia w tobie i we mnie.

Pastor pokropił Noego czółko

Dla odmiany

I na Gabriela wody nie skąpił
W pięknym kościele pod wezwaniem Św. Georgia
W sobotni dzionek i deszczyk siąpił.

Mama i tata babcie i dziadki
Rodzina goście na zdjęciach kliszy
Dziękują Bozi za wszystkie dary
We wspólnej modlitwie zadumie w ciszy.

**Problemy**

Problemy
Były zawsze i będą
Duże średnie i malutkie
Wypasione grube i cienkie.

A skąd to się biorą te nasze problemy?
Tego dokładnie nie wiemy
Może z braku czasu zapału otuchy
Rodzą się w nas takie dziwaczne odruchy.

Czy to problem że tak powiem
Więcej umieć a mniej kluczyć
Spróbować nie jeść przez miesiąc
A w drugim spróbować się utuczyć.

Mamy problem z odchudzaniem
Sadło nie chce uciec z brzucha
Nieraz to nas wszystko wkurza
Nawet zwyczajna na nosie mucha.

I zamachnął się grubasek
Mucha bardzo się przelękła
Ale w nosie chrząstka pękła

To już problem że tak powiem.

**Czasy się zmieniają**

Z duchem czasu i postępem
Nauki sztuki sukcesem
Rezygnujemy z roweru
Nie udzielamy się sportowo
Zajadamy tłuste udźce
Popijając wyborową.

Lat dwanaście funtów dwieście
Dzieciąteczko w piaskownicy
Mama trzyma nad nim smoczek
I kropelki mleka liczy.

Dzidziuś proszony godzinkę
Ugryzł ciasteczka kruszynkę
I w dodatku wice wersa
Nie pozwolił zmienić pampersa
I rozpłakał się zwyczajnie
Na piach sypiąc łzy wydajnie.

A dalej to już wiadomo
Rumor rwetes zgrzyty w domu
Jak się z boku na to patrzy
Mama trafia do psychiatry.

A tatuś na odwykówce
Babci się miało ku stówce
Biedna uciekła do raju
A to teraz jest normalne
Trudno czasy się zmieniają.

Dla odmiany

**Wiesia wyjeżdża**

Wiesia kupiła bilety
I opuszcza nas niestety
W lipcu w piątek w środku lata
Z początku na koniec świata.

Nasuwają się też myśli
Może Wiesia się rozmyśli
I do Polski nie poleci
A niech poczekają dzieci.

A co w tą niedzielę będzie
Wiesi razem z nami na mszy nie będzie
Co powie pastor gdy to dojrzy
Gdy na puste miejsce spojrzy?

W górę serca po wiśniówce
A niech się zakręci w głowach
Dobre chęci niech nie miną
Jesteśmy jedną rodziną.

Przeżyliśmy wspólne chwile
Rodzinnie wspaniale zwyczajnie
Gdzie się Wiesia pojawiała
Było wesoło i fajnie.

Wiesia wraca do Ojczyzny
Wierzymy że będzie szczęśliwa
Życzymy jej dużo szczęścia
 Bóg jest z tobą Wiesienieczko
Jak zalecisz podgrzej mleczko
Pomieszkaj w Polsce z roczek pomyśl chwilę
I wracaj do Lawrenceville.

**Dla Tereski**

W życiu ciągle są powtórki
Zima wiosna lato jesień
Ale co jest najważniejsze
Koniec lata czwarty wrzesień.

A dlaczego to dzień tak ważny
Dziś Teresce promień błyska
Wielkie święto urodziny
Moc kwiatów wina i owoców walizka.

Stwierdzono to naukowo
Życzeń milion i na nowo
Dużo zdrowia i zapału
I co by się tylko chciało.

Wypijmy za zdrowie Tereski
Do dna od kreski do kreski
Tereska jest zawsze z nami
Ze wspólnymi problemami.

A co w tym jest najdziwniejsze
Kwiatki duże i te mniejsze
Śliczne różowe galantki
Kłaniają się do solenizantki.

Na działce dzwon wybija kuranty
Rycerz w zbroi ten na porczu
Na baczności parę godzin
A to wszystko z okazji Tereski urodzin.

Dla odmiany

**Po co ten pośpiech**

Wiesia wczoraj odleciała
Tak po prostu się zdarzyło
Ale mogła jeszcze zostać
Źle jej się nie powodziło.

Mówiłem perswadowałem Wiesia
Nie wyjeżdżaj posłuchaj wieszcza
Wyjechała nie usłuchała
I tęsknota ją teraz napieprza.

Wiesławo dumna dziewczyno
Wróciłaś do Polski to zdrowie szanuj
Napracowałaś się tutaj niemało
To w kraju się teraz opanuj.

Wróciliśmy w niedzielę z kościoła
Miałaś nas dzisiaj odwiedzić
A ty sobie teraz w Ostrołęce
O tak beztrosko siedzisz.

Pastor spoglądał spod oka
Na ławkę gdzie Wiesia siedziała
I łezka mu z oka spłynęła
Jak była to grosika dała.

Czas wkurzyć się tak to nie będzie
A po co ma się więcej smucić
Czy chcesz czy nie chcesz Wiesiu
Ty musisz do nas wrócić.

Nie rozrzucaj się zielonymi Wiesia
Nie szastaj na prawo i lewo

A zostaw troszeczkę na bilet
I za miesiąc do Stanów przyleć.

Tęsknota to żywioł jak kara
Wiesławo ty młoda dziewczyno
Najszczersza to prawda nie ściema
Tak przykro że ciebie tu nie ma.

Pozostawić po sobie wspomnienia
Serca trudno jest uspokoić
Dziękujemy ci za wszystko Wiesiu
Pozdrów rodzinę i przyjaciół i swoich.

**Stało się**

Stało się kupiłem psa
Po cichutku po kryjomu
Pomyślałem co mam nie spać
Niech więc on pilnuje domu.

Musowo to wydatek niezbędny
Zakupiłem mu otręby
I na tydzień kość wołową
Żeby szczekał na teściową.

Pies zwierzaczek rzeczywisty
Musi być schludny i czysty
A trzeba go ubezpieczyć
Jak zachoruje to leczyć.

I od teraz się zaczęło
A jest wiele innych racji
Piesek robi na chodniku
Nie korzysta z ubikacji.

Dla odmiany

Kupy za nim trzeba zbierać
Zażyczył sobie by mu podcierać
Jak spragniony podać wody
I trzy razy dziennie lody
Chociaż nieraz z nerwów szlocham
Bardzo mego psinę kocham.

**Razu pewnego**

Pewnego razu i z bliska
Tereska ugryzła Pyska
A stało się to o zmroku
Na samym początku roku.

Co miał wtedy począć Stasio
Odgryźć się a zębów nie miał
Chociaż blizna tęga była
Wielka rana się otwarła
I krew po ciele broczyła.

Cóż mimo tak wielkiej przykrości
Staś płakał ale z radości
Bo Tereski ugryzienie
Działało na pobudzenie.

I w tym momencie się stało
Stasiowi uczucie zadrżało
Wzmocniło to jeszcze namiętność
Znikła wszelka obojętność.

Dom się zatrząsł piorun trzasnął
Rana zniknęła w oka mgnienie
Stasio dał Teresce buzi

Wtedy się przestało chmurzyć.

A że się ku sobie mieli
Zatańczyli na okrętkę
Szampan tak się uradował
Aż z butelki zerwało nakrętkę.

**Marzenka**

Witamy ciebie Marzenko
Słówka miłe do ciebie ślemy
Chociaż z tak bardzo daleka
Z Krzysztofa Kolumba ziemi.

Nie ostatnia Marzenko to rozmowa
A zawsze będzie ta pierwsza
Pamiętaj droga Marzenko
Pozdrawiamy Ciebie z całego serca.

**Nowe kapcie**

Akt 1
Mile wspominam to w pierwszym akcie
Dostałem wczoraj nowiutkie kapcie
Od Asi Gryski i Tomasza Psotnika
I z sytuacji temat wynika.

Cóż miałem czynić to kapcie nowe
Puszyste lekkie biało brązowe
Włożyłem jeden najpierw na lewą nogę
Później na prawą i oniemiałem
Nagle do góry się poderwałem.

Fuck you szepnąłem co to za dziwy

## Dla odmiany

Nogi się stały lekkie i prężne
Zniknęło zmęczenie uczucie bólu
I zrozumiałem odżyłeś królu.

Akt 2
Wiszę w powietrzu to nie przypadkiem
I zrozumiałem że jestem dziadkiem
Z kapci zwierzaczek popatrzył groźnie
Pysek nie szalej spadaj ostrożnie
Wiesz że nie trudno tak o wypadek
Chybnąć się można i skręcić zadek.

Jestem szczęśliwy jest mi wesoło
Wylądowałem obtarłem czoło
I biegam w kapciach znaczy udzielam
Innymi słowy to zapierdzielam.

## Historia

Historia tworzy się sama
Na prosto w lewo i krzywo
Zasiewa czasowe ziarna
I zbiera z tego żniwo.

A żniwa tak często okrutne
Krwią zbroczone pola i lasy
Zdziałane przez obłędne grymasy
Zdziczałych nieroztropnych ludzi
Tak często grozę i smutek budzi.

My stworzeni przez samego Boga
Rzucamy przeciw sobie ogniste kule
Wzniecamy niepokoje
I zło przeplatane bólem.

**Niebezpieczni**

Niebezpieczni dla samych siebie
W imię praw tworzonych pod siebie
Dla świata uczuciowi niewinni
A w sercach nietypowo zimni.

W imię czego powstają fortece
Przeciwko komu kieruje się głowice jądrowe
Nieprzewidziane dla świata konsekwencje
I pył z ziemi spalonej na głowę.

Jaką miarą godność ludzką mierzyć
Nim coś zdziałać to w piersi się uderzyć
I odejść od złych działań już dziś
Bo jutro to nie będzie się komu zwierzyć.

**Nie poprzestawać**

Nie poprzestawać dalej tworzyć
Do ostatniego tchnienia
Choć doprawdy nie wiem
Czy to cokolwiek zmienia
I czy sił mi do końca wystarczy
I czy Bóg mnie mądrością obarczy?

Było południe na zegarze już godzina trzecia
Czas tak niestety szybko przeleciał
Jak jedno machnięcie ostrym biczem
A co dalej z tym na co tak bardzo liczę?

Za oknem zwykła szarość poniedziałku
Powietrze zasnuwa mgła gęsta

Dla odmiany

Myślę znalazłem się nie przypadkiem
A ja sam jestem typowym dziadkiem.

Jak niemowlę owinięte w pieluchy
Sam dla siebie niedoskonały i głuchy
Na ciągłe zmagania ze sobą i wyzwania
A po drodze niepewność i zapytania.

O co pytać? Kogo? I dlaczego?
Krzyczeć pomstować aż w gardle zaschnie
Oniemieć czy zastygnąć w bezruchu
Przeglądając się w lusterku warg bezradnym ruchom.

A samotność jak przestroga w pięty łechce
Ta okropna cisza że się nawet płakać nie chce
A wysilać na wycie nie da rady
Samo życie i typowe przykłady.

**Nasze myśli**

Nasze myśli urodzaj tworzą
Wrzucane w przestworza czasowe
Niepowtarzalne często niesforne
Boskie i ciągle nowe.

Gdzie więc znaleźć złoża
Stłoczonych myśli zagłębia
Wchłonąć dobre bezpośrednio do mózgu
A niedobre wychłostać rózgą.

Ale zdarzają się bardzo często
Myśli genialne i złote
Po tygodniu pracy ciężkiej w sobotę
A w niedziele typowo rozrywkowe

Wytworne podwójne nowe.

**Popiół**

Oj posypało wielu na ochotnika na głowy
Popiół z okazji Święta Popielca
A tak naprawdę to wielu
Modli się do złotego cielca
Za pokutę i zaniedbanie duszy
Być może to wiele sumień poruszy.

Ktoś kto karty rozdaje pod stołem
A asa trzyma w rękawie
I sprzedaje popiół za srebrniki
Uczestniczy w tej tak dziwnej zabawie.

Naznaczeni popiołem pod maską
Niegodziwcy mijają się z bożą łaską
Uczestnicząc w przedstawieniu ze złą kartą
I ofiarą pokutną tego nie wartą.

**Przytulone dziewczyny**

Widziałem dziewczyny przytulone do siebie
Buzie kraśne jak na księgi okładkach
Popołudnie za oknem plucha i wietrzysko
Asieńka i Tereska jej matka.

Przytul mnie prosi Asia droga matuś
Pomyśl o tym obok nas przebywa
Nasz kochany pisarz tatuś Pysek
Czuję go i westchnienia słyszę.

Ten Pysek który składa literki

Dla odmiany

Do kolejnej wiersza strofy
Prostując nożynki na rogu sofy.
Tato twórz proszę prosi Asieńka
A ty graj Aleksa
Muzyka grzmi ale nie jest najlepsza.

A Tereska którą tak bardzo kochamy
Rzekła    dość przestań Aleksa
My to już znamy.

Znowu mamy muzykę country strony
I wspaniały amerykański song wymarzony
I nigdy to nie pójdzie w zapomnienie
To co jest najważniejsze

Spotkanie Tereski i Stasia
Z Asieńką Tomaszkiem
Klaudią Darusiem Kaią i Dominikiem.

To jest wielkie rodzinne wydarzenie.

**A ja myślałem**

A ja myślałem że wszystko mogę
Zmieniać co mi się tylko podoba
Ale to nie jest takie prościutkie
I odbija się ujemnym skutkiem.

Chciałoby się mieć tak wiele
Dom samochody i specjały
Ale jak to można zrozumieć
Kiedy świat jest taki mały?

To co nasze to są chwile
A jest ich nie wiemy ile
Wierzyć w siebie to wszystko znaczy
Tak być musi nie inaczej.

**Pierwsze kroki**

Każdy ma swoje pierwsze kroki
Proste koślawe i w boki
Przemyślane krnąbrne umyślne
Głupawe niedozwolone bezmyślne.

Ktoś kto nosi głowę zawsze dumnie
Chodzi prostą drogą i rozumie
Kroki swoje i swoich przyjaciół
Nawet taki przeciętny matoł.

Wydaje się że zwyczajny człowiek
A o bogatej z charakterem duszy
Gdzieś z dalekiej wschodniej Europy
Stawiał kiedyś swoje pierwsze kroki.

**Tereska**

Droga Teresko nie spoglądaj tak srogo
Jesteś taka miła rankiem i w południe
Nie złość się choć nawet coś przeskrobię
I odpowiedz czy podobam się tobie?

Teresko gotujesz tak smacznie
Że oblizuję się nieraz całą dobę
Kocham ciebie nad życie i szanuje
I ciągle poprawiam się i próbuję.

Dla odmiany

Teresko uśmiechaj się często i anielsko
Wyrwę zielsko z ogródka jak każesz
Jesteś ze mną i na zawsze zostaniesz
Bóg to sprawi że tak się stanie.

**Wiersz nadzieja**

Nie ma rady na moją poezję
Po trzecie i drugie i pierwsze
I nigdy nie ostatnio
Przyjacielsko ochoczo bratnio.

To nic że często słowa się łamią
Coś ostrego przebija moją duszę
Nie kleją się strofy czegoś brakuje
Ja kocham poezję i tworzyć muszę.

Nic mi to a takie odnoszę wrażenie
I czasami coś we mnie się wzdraga
Wychodzą spod pióra słóweczka
To jest to co od siebie wymagam.

Zastanawiam się często czy ja coś znaczę
Krew we mnie się burzy ale nigdy nie płaczę
Wierzę w prawdę zawsze a juści
I że dobry Bóg mnie nigdy nie opuści.

**Życie na serio**

Życie na serio
Nie bać się samego siebie
Zgadzać się z tym co jest
Samemu sobie mówię cześć.

Po nocy ciemnej głuchej
Wypełnionej w dziwaczne sny
Opuściłeś miękkie poduchy
I zmartwiłeś się byle czym.

Ktoś to normy fizycznie przekroczył
Przypadkowo ręczniki zamoczył
Używając prysznicowej wody
A zrobił to pisarz Pysek młody.

A co tam co tutaj prostować
Martwić się Pysiuniu tym nie musisz
Nic się nie stało zwyczajne sorry
Czas ręczniki mokre wysuszy.

Bywa tak że pewnych zdarzeń nie przewidzimy
Zwyczajnie stwarzają się same
Żeby wyjechać bez stłuczki z garażu
Trzeba wprzódy otworzyć bramę.

Gdy jesteśmy w kręgu wydarzeń
Trzeba wierzyć że jutro będzie lepsze
A dobro nadejdzie samo z wiatrem
To coś co najwięcej jest warte.

**Ślimak i góry**

W imię sławy i zaszczytów
By znaleźć się w księdze zdarzeń
Opłaci się i trzeba ochłonąć
I odejść od nietypowych marzeń.

Jakże ważne są przestrogi
Ślimak pokazuje rogi

Dla odmiany

Pomyśl ślimaku ty matole
Po co ci zginąć na górze
Wygodniej jest żyć na dole.

Z losem zagrał i o wszystko
Nie myślał patrząc do góry
Postanowił że zdobędzie wierzchołek
Na samym wierzchołku góry.

Coś mu szepcze   słuchaj ślimak
Przeciwstawiasz się naturze
W górach teraz niepogoda
Siedź na d... zdrowia szkoda.

Pnie się ślimak piszczy cicho
Głos mu szepce szanse liche
Nie usłuchał biedaczysko
I zasilił cmentarzysko.

W imię czego? Po co to ? Komu?
Małe ślimaki łzy ronią w domu
Ugodzony własną bezmyślnością pędraka
To dziwna pasja nie bohaterska
Tylko frajerska taka.

**Opowieści o ziemi**

Ziemia krąży i nadąży
Jak to widać na rysunku
Dźwiga lasy oceany
Przeciążona że o rany.

Myśl tyra przez dni siedem
Bez niedzieli i urlopu

Przyciąga też co da się
I wyrabia się o czasie.

Ziemia jest kolonią karną
Dlatego pracuje za darmo
W przeszłości komuś podpadła
Z jakiegoś systemu wypadła.

Ziemia się w kosmosie słucha
Choć zdarzy się że czasem wybucha
Buntuje się bo chce rządzić
Zdarza jej się czasem błądzić.

Przepełnieni zwykle z czasem
Rodzimy się starzejemy
Odchodzimy do lamusa
Życie zawdzięczamy ziemi.

**Miłość**

Miłości zmienna i nieskończona
Czasem być może ograniczana
Dodaj odwagi pogrzeb rozterki
Unieś w dal siną losowe gierki.

Zabierz co gnuśne i co się boi
Zniwecz myślenia fakty nonsensu
To co zbyteczne boleśnie szlocha
Gromkim rozkazem precz stąd wynocha.

Niech pozostanie ku pokrzepieniu
Uśmiech na twarzach i w sercach radość
Miłość pokorna nawet w pośpiechu
Zatli się w sercach uczyni zadość.

Dla odmiany

I spłynie z życiem jak krople rosy
Nie bacząc na buzie pomarszczone
A miłość przetrwa nie uszczuplona
Zwykła uparta niezastąpiona.

**Przeprowadzka**

I znowu przeprowadzka skąd wziąć na to siły
A tak właściwie to dlaczego i po co
W Lawrenceville też się kręciło nieźle
I wspomnienia piękne były.

Ale ku temu są powody
Więc trzeba się streszczać
To jest wpisane w nasze życie
Lubimy się tak przemieszczać.

Ot tak po prostu to frajda
Nowy wiatr inne zegara tykanie
Wyjeżdżamy i zadajemy pytanie dlaczego?
Liczymy na lepsze jutro do widzenia
Szczęść Boże i powodzenia.

**Wykluczeni**

Tak nie musi się dziać nędznicy
Na wpół nadzy bosi i dzicy
Poczerniali od dymu i zgrozy
Zakuwani w żelazne powrozy.

To ci właśnie wybrani na prawach
Rozparci w złotych szerokich ławach
Dzielą budżet swoimi łapy

A ostatnim dostają się ochłapy.

A dlaczego? Kiedy Bóg to wszystko widzi
Patrząc z góry nie ciśnie gromem
I ostudzi te zapędy wandali
A tworzony przez nich ucisk rozwali.

**Śnieżno**

Smutno mi dzisiaj z samego ranka
A to przez to krnąbrne śnieżysko
Co sypie tak sobie beztrosko
Na biało zasypuje wszystko.

Na dworze już prawie wiosna
Gałązki drzew wypuszczają pączki
Słychać świergot rozbudzonej ptaszyny
Zazieleniają się na łąki.

Sroga zimo odejdź nareszcie
Narozrabiałaś niemało
Któż by przypuszczał by z wiosną
Śniegiem tak drogi zawiało.

Ale nadzieja rozbłyska
Słoneczko przygrzewa pomału
Śnieżyca i wiatr silny przejdzie
Prawdziwa wiosna nadejdzie.

**Falujące zdarzenia**

Zdarzenia płyną jedno za drugim
Wolno niezdarnie czasem z łoskotem
Zawsze do przodu tak od niechcenia

## Dla odmiany

Wpisane w życie a czas się zmienia.
A tak być musi a dlaczego nie wiemy
Przyjmujemy to czego nie rozumiemy
A wpływu na bieg wydarzeń nie mamy
Chociaż na wszystko się nie zgadzamy.

Pomyślmy drogie panie panowie i kolesie
Każdy dzionek wiele nowych zdarzeń niesie
Pracujesz odpoczywasz czy może się lenisz
Pewnych zdarzeń które nadejdą
Niestety nie zmienisz.

## Temat o ścierce

Jestem dumny z siebie
I cieszę się z tego wielce
Bo to ja pierwszy na świecie
Podjąłem się napisania rozprawy o ścierce.

Chociaż temat o tym nigdy nie był w modzie
A ścierka jest sztuczną w przyrodzie
Ale niezbędna w swoim zawodzie
I pracuje o wodzie i chłodzie.

Wszyscy wiemy że nawet zwyczajne ścierki
Posiadają wady zalety i rozterki
Czasem te duże i średnie i cienkie
Puszyste przezroczyste i miękkie.

Piszę o tym odważnie bez przymusu
To ścierka jest podkładką do luksusu
Wiem że sława nie graniczy z cudem
Zbraknie ścierek zarośnie wszystko brudem.

Najbardziej zatwardziali ludziska
Kiedy przyjrzeć im się dokładnie z bliska
Muszą mi teraz rację przyznać
Gdy oddadzą musowo chcą czy nie chcą
Muszą pewne miejsca wytrzeć
I to wcale nie jest czymś nowym
Odmianą ścierki zwaną papierem toaletowym.

## O słońcu

O słońce nasze jasnością rzewne
Tworzysz promienie ożłacasz ziemię
Budzisz nadzieje dumnym spojrzeniem
Walczysz z udręką i życia cieniem.

Słońce widzimy i to się czuje
Niezastąpione nic nie kosztuje
A co najbardziej ze słońcem łączy
Że nie zaczyna się i nie kończy.

Słońce co wschodzi nad samym ranem
Podgrzewa piasek nad oceanem
Tuli kochanków i wspólnie marzy
Opala ciała na dzikiej plaży
A w ramach troski czerwieni noski.

Słoneczko wstaje koguty pieją
Świat się napawa nową nadzieją
Pozdrawia matkę ojca i córkę
Cudowną jasność śle poprzez chmurkę.

Dla odmiany

**Pomyśl waści co jest w maści**
Medycyna tak urosła
Łódki napędzają wiosła
Syropy tabletki pigułki
Zapełniają aptek półki.

Ucho nadstawiam co słyszę
Lekarz wszystko ci przepisze
W pudełeczku zmieloną myszę
Z ogonkiem hipopotama
Może dożyjesz do rana.

Obecnie są modne maści
To do smarowania głowy
Posmarujesz tak na nockę
I o bólu nie ma mowy.

A taka polopiryna
To paskudztwo długo trzyma
Wyciskana z jadu węża
Użyła straciła męża
A skutek straszny niestety
Stracił popęd do kobiety.

Ale proszę się nie zrażać
Czytać recepty i uważać
Bo się można znaleźć na dnie
Podniesie się i nie opadnie
W Ameryce czy w Europie
Szkoda waści i po chłopie.

**Nowa burda kurda**

To nie było jeszcze grane
W poniedziałek tuż nad ranem
Trwa dyskusja tak gorąca
Dotyczy podatku od słońca.

Część na sali protestuje
Przecież słońce nie kosztuje
Daje ciepła pod dostatek
Dlaczego ma być ten podatek?

Druga strona chce uradzić
I ten podatek wprowadzić
Ale nie jest tak do końca
Nikt się nie zapytał słońca.

Tak się strony posprzeczały
Że za łby już brać się chciały
Aż dym się w górę unosił
Nikt o zdanie słońca nie prosił.

W górze rozbłysło i trzasło
Na sali zrobiło się cicho
Ze strychu na spadochronie
Wylądował święty Zdzicho.

I odezwał się w te słowa
Nie macie nic do roboty
Podatku od słońca nie będzie
Tylko nowy od głupoty.

## Koniec marzeń

Marzenia się skończyły
Na nowe zabrakło funduszy
Co teraz nastąpi nie wiem
Do czego tęsknić w duszy?

Nie marzysz to ciałem telepie
Choróbsko się może przyczepić
Samotność nastąpi przewrotność
Sumienie popadnie w odwrotność.

Stos marzeń i wielki dostatek
Nie za darmo zapłaciłeś podatek
Nie odprowadzasz podatku a marzysz
To zamkną cię nim zauważysz.

A co tam niech porwie to licho
We śnie sobie marzę po cichu
Uciekną przed komornikiem
Marzenia wspaniałe i dzikie.

## Na wesoło

Na wesoło Pysek twórz
Od razu zaraz i już
W swoje wiersze humor włóż
Właśnie nowy dzień się zaczął
Niech czytają głośno i skaczą.

Przymruż oczy wypśnij słowa
I nowa strofa gotowa
Na kolację porcja dumy
Na łysą głowę perfumy.

Śmiej się nawet gdy nie wiesz z czego
I do kogo i dlaczego
Po co na co i którędy
Tylko nie udawaj zrzędy.

Na wesoło i z przyklaskiem
Gdy zawinisz zlej się paskiem
Z teorią praktyką i w parze
W takt następujących wydarzeń.

**Głupio**
Zwiędnięte wyrazy dziwne
Może pozytywne koślawe
Przesiąknięte polityczne
Bez komfortu idiotycznie.

Można myśleć twarz wykrzywiać
Słuchać czy gestykulować
Czasem nawet zatkać uszy
Głowę między nogi schować.

Prowadzącym zgromadzenia
Zapłacono za przemowy
W ramach pracy i rozrywki
Dobre żarcie i przygrywki.

Koniec kropka trzeba spadać
Trudno wierzyć szkoda gadać
Głupi mówi mądry słucha
Powtarzając wielokrotnie
Bywa także i inaczej
Często zdarza się odwrotnie.

Dla odmiany

Mądro głupio i nawzajem
Taki przykład sobie dajem
Skazani na losu łaskę
Robimy wzajemną łaskę.

**Oferta**

Forsy mało pracy sterta
I znowu kolejna oferta
Dobra praca bez zapłaty
Do spłacania w banku raty.

Tak więc pomyślałem sobie
Coś dobrego w życiu zrobię
Popracuję to się wywietrzę
I uczynię siebie lepszym.

Po miesiącu wezwano mnie
Do urzędu proszę pana
Na stole leżała karta
Którą mi podała dama
Mam zapłacić za swą pracę
Keszem czekiem czy inaczej.

Naliczono też podatek
Niestety z pomyłką niechcący
Dwadzieścia cztery procent od matek
Mlekiem malutkich karmiącym.

Zgodnie z umową o pracę
Zapłaciłem co należy
Dobrze mi się tu pracuje
A na pracy mi zależy.

To jest prawdą a nie bujdą
Liczę że inni ludzie również w moje ślady pójdą
I powstaną na całym świecie
Ogromne nadwyżki w budżecie.

**Złowroga cisza**

Spokój cisza melancholia
Coś w rodzaju nieużytku
Odwrotnością od hałasu
Bezstresowy wymiar czasu.

W głowie kołujące myśli
Zdarzenia powracające
Zza firanki w głąb pokoju
Zagląda promiennie słońce.

Zając w fotelu rozparty
Rozkłada tarota karty
Głaszcze się po tłustymi futrze
Z myślą o lepszym jutrze.

Wtem z impetem do pokoju
Wpada wilczur bardzo rano
Nim policzę do dziesięciu
Ma cię tu nie być zrozumiano
Zająca walnęło zdziwionko
Coś takiego znikaj pionku
Żebyś wiedział będziesz siedział.

Zając groźby nie usłuchał
Stało się wilczur go schrupał
W pokojowej porannej ciszy

## Dla odmiany

Nikt zająca nie usłyszy.

To przestroga dla frajera
Co tak bardzo się upiera
I siedzi twardo w fotelu
Lecz go w końcu wyp..

**Obedrzeć ze skóry**

Obdarcie ze skóry
Czy to aby jest godne?
W teraźniejszych czasach
Okazało się wygodne.

Znęcanie się nad zwykłą kurą
Niosącą jaja karmiącą
Czy obdarcie z piór
Nie może być już gorzej
A to jest codzienność
Tak się dzieje o mój Boże.

Któż to się odważy kto stanie
W obronie zwyczajnego kurczaka
Nikogo nie stać na to
Bo to moda jest już taka.

Któż ujmie się za świnką
Czy małym cielęciem
Nikt nawet mały palcem nie kiwnie
Zdarza się i bliźniego oskubać
Z portfela drobniaki wydłubać.

W noc ciemną złą nieprzyjemną
Zgodnie z prawem i kulturą

W imię nieznanej pokuty
Niegodnym jest zabrać ostatnie buty
I puścić bosego na wietrze
By wąchał ukradkiem powietrze.

**Potaniało**

Potaniało raptem wszystko
Domy lasy kartoflisko
Darmowe koleje i wczasy
Wędliny kurczaki salceson
Nawet ciężki zwykły beton.

A skąd te na nagłe obniżki
Brak kolejek i zadyszki
W sklepach towaru pełne półki
Kręcą się psy i jaskółki.

Ba fantazji ktoś nadużył
Tak się wczoraj wujo wkurzył
Że podpalił długie lonty
Na tych co to mieli wąty.

Nie ma już kogo spowiadać
Pastor klęczy pusta taca
Komuś tam wyrwało płuca
Ktoś na plecy się przewraca
Dymy snują się po polu
Nieliczni przetrwali ten wybuch
Ogłuchli i bzdury p...

Ceny spadły już do zera
Niespodzianie i nietypowo
Dom możesz mieć teraz za darmo

Dla odmiany

Ale bez dachu nad głową.

Nie nie poradzisz już po fakcie
Nie pomoże co główkować
Tak to bywa kiedy młotek
Zechcesz gwoździem wyprostować.

**Przestroga dla mamy i taty**

Mamę jedną przydzielono dzidzi
Czułą cichą dobroduszną
Z każdą radą czasem wadą
Ale zawsze z racją słuszną.

Takie czasy dzisiaj malec
Robi czasem dziwne rzeczy
Ledwie został pokropiony
Już rozrabia i złorzeczy.

Pokazuje na komórę
Bleszczy    tato ja chcę furę
   Bo na lody muszę spływać
   Przy okazji iść na piwko
   Do browara naprzeciwko.

Piszczy          ale tu bałagan
   Kup mi fuzję albo nagan
   Przyda mi się do obrony
Wrzeszczy bobas rozjuszony.

Cóż ma zrobić biedny tata
Jąka się wariata struga
Malec żąda i pomstuje
A lista zachcianek długa

Nieraz aż dostaje czkawki
Skąd wziąć kasę na zabawki?

To przestroga jest dla mamy
Nie ostatnia i nie pierwsza
Gdy już tak ulegnie dziecku
Niech głowę owinie w pampersa.

A mleko zamówią od ciepłej kozy
Teatr stworzą w swoim domu
Sami pójdą do piwnicy
Wypłakać się po kryjomu.

**Rozmowa i słowa**

Coś o głosie na pokłosie
Głos to dźwięki z ust wyjęte
Zakodowane w pamięci
Jakoś to się wszystko kręci.

Słowa bardzo często kuszą
Tak związane z samą duszą
Kłamią mamią obiecują
Nie zawsze to robią co czują.

Słowa w duszy są zawarte
Zamknięte na osiem spusty
Wypuszczane na powietrze w ramach
Prawdy i często rozpusty.

Używanie słów i dźwięków
Posłużenie się piosenką
Co wspomaga równowagę
Pewnych słów nie cofniesz w czasie

Dla odmiany

Pomyśl o tym może da się.

**Faceci**

Faceci to dziwna płeć
Poruszyć ten problem wypada
Pierwszym takim osobnikiem płci męskiej
Był w raju młody Adam.

Ciągle urlopy z braku roboty
Przegrał niebo przez zaloty
Tu wyjawia prawdę całą
Szczerze to mu się zachciało.

Popatrzył na Ewę i dotknął
I tu się na tym problemie potknął
Adam to miał niezły bajer
Ale to był straszny frajer
Bo na zwykłe jabłko dał się skusić
A powinien szatana węża udusić.

I to pan przystojny modny
Do tego czegoś zawraca
Rozumiem że na pół litra
Albo żeby choć miał kaca.

Nie w tą stronę biedak pognał
Zgrzeszył kiedy Ewę poznał
Poddał się choć to sprawa cicha
W wieku już dwudziestym pierwszym
Też nie stronią od gorzałki
Często jabłkiem jest zagrycha.

Gościu biega boso po trawniku

Trzymając się oburącz za głowę
Upija się robi zadymy
A niekiedy i światowe.

**Zwierzenia**

Proszę o wyrozumiałość
Nie wstydzę się tego wcale
I nie chwalę się po prostu żyję
Jestem losu swojego kowalem.

Jako człowiek staram się
Choć czasem coś się wkręci w tryby
Pracuję troszczę się o rodzinę
Chodzę do lasu na grzyby.

W kuźni życia codziennego
Rozniecam rankiem ognisko
Czasem młotem sobie w nogę przywalę
Ktoś mi kłody rzuca pod nogi
Miotam się i przechodzę depresje
Często mam do siebie pretensje.

Przyznać muszę że nie wszystko rozumiem
Z różnymi problemami się param
Ale cenię życie
I godnie się je przeżyć staram.

**Odpowiedź na ból**

Na ból odpowiedzi nie będzie
Mimo że medycyna idzie z postępem
To coś tak jest skomplikowane
Bezwzględne niemożliwe wykrętne.

Dla odmiany

Bóle w środku zmęczenie w głowie trzaski
Znosisz bo musisz bez łaski
Z trudem dźwigasz bolące dupsko
Przez bezwzględne typowe choróbstwo.

Wyjesz z bólu bo przejechał ciebie walec
Przypadkowo przywaliłeś się młotkiem w palec
Albo w plecach utknęła kosa
We drzwiach ucięło kawałeczek nosa.

Boli kark bo zmęczyłeś się pracą
Głowa pęka rankiem na kacu
Żyć się nie chce i w mózgu się pieprzy
Jest nadzieja że już jutro się polepszy.

Doświadczeni lekarze znachorzy władcy króle
Nie znaleźli odpowiedzi na bóle
A stworzona medycyna to tylko ściema
Prawdziwej recepty na bóle nie ma.

**Duszka na spacerze**

Wyszła duszka na spacerek
Tak jak zwykle niewidoczna
Działo to się na obrzeżach
Małego miasteczka Opoczna.

Duszka goła się nie wstydzi
Bo jej nigdy nikt nie widzi
Wszędzie wejdzie jak zapragnie
Choć to nie wygląda ładnie.

Ale nie jednego wzruszy

I niekiedy żałość bierze
Co się przytrafiło duszce
Na owym to nocnym spacerze.

I sumienie może zedrzeć
Przy wielkiej kamiennej katedrze
Anioł tam się napatoczył
Spojrzał duszy w czarne oczy
Że powiedzieć o tym zdążę
Duszka zaszła wtedy w ciążę.

Teraz na spacerach z brzuchem
Nasiąknięta świętym duchem
Ojciec się ulotnił świnia
Śladu po nim dotąd ni ma.

**Nasza orkiestra**

Trzymaj fason uderz w struny
To wspaniałe to się dzieje
Skoczne pozytywne walce
Uwaga na nogi i palce.

Dźwięk unosi się na wietrze
Roztańczyło się powietrze
Nuty zaszalały w górze
Spodobało się naturze.

Zespół zgrany pierwsza klasa
Pierwsze skrzypce Asia nasza
Na saksofonie Tomaszek
I waltornia się odzywa Darusia
Muzyka powietrze porusza.

Dla odmiany

Kaia Klaudia z Dominikiem
Także wgrali się w muzykę
Na klarnecie pianinie organach
Głośno jest z samego rana.

Nawet słynny pisarz Pysek
Uderza rytmicznie w półmisek
To wspaniałe to się czuje
A co tu jest najważniejsze
To Tereska dyryguje.

**Emeryt**

Oj się wiedzie emerycie
Nie tak źle bo jeszcze śpicie
Wnuczki rosną duże dzieci
Darma forsa w kieszeń leci.

Tyrałeś przez całe życie
Od wschodu do słońca zachodu
Dla siebie i dla rodziny
Nocki dzionki nadgodziny.

Nagle stop i kropka.

Koniec i przyszły złe czasy
W międzyczasie cię dopadło
Zestarzałeś się zmalałeś
Utaiłeś się w rozterce
Płuca wysiadły i serce.

W górę głowę emerycie
Taka prawda takie życie
Obowiązuje kultura

Przed chałupą niezła fura
W barku zestaw jak popatrzeć
I spirytus wina różne
Stos butelek wielu wyznań
Kwadratowe i podłużne.

W lodóweczce tony mięcha
Galaretka aż się trzęsie
Udziec barani i szpinak
Aż się szuflada ugina
Oczy przetrzesz to i zeżresz
Cóż zagrycha i nielicha
Tylko zajrzeć już się wzdycha.

A w pokoju po chodniczku
Stąpa kotek mleko śrubie
Piesek wściekł się pogryzł fotel
Papuga z kanarkiem się sparła
Babka mieszkała razem przez tydzień
Nie wytrzymała umarła.

A emeryt leży w wyrze
Coś go w pięty dziwnie łechce
Wstało by się coś przegryzło
Tyłek boli i się nie chce.

Kac go pali w głowie szumi
Bolą nerki świszczy trzustka
Musi wstać odkryć pierzynę
Zeżreć ranną medycynę.

Żona emeryta w kuchni
Coś narzeka głośno bleszczy
Wstrząśnięta obecnym stanem

## Dla odmiany

Bo emeryt późno wrócił
I na progu się przewrócił.

Ale wrócił chwalić Boga
Chociaż nie na własnych nogach
Przenieśli go z baru choć blisko
Nie mógł iść bo było ślisko.

Narzekał że w lipcu chłód
Minus dwadzieścia ślisko i lód
Duży wiatr a że noc była
Droga mu się pomyliła.

Krok do przodu i do tyłu
Stąd pod okiem sine place
Jak to można wytłumaczyć
Zapomnieć i mu to wybaczyć
Nie narzekaj emerycie
Ciesz się przed tobą życie.

**Nasza Ciocia Zosia**

Przecudne kwiaty z wiosenną otuchą
Ścielą się gęsto na matczynej ziemi
Ze wschodzącym słońcem i dobrocią plenne
Skromne i smukłe czyste i sumienne.

Z całym szacunkiem następującym majem
Kuszą kłaniając się nachalnie wabią
Stworzone przez naturę i samego Boga
Pełną dobrocią utkaną z jedwabiu.

Wiaterek powiewa deszczyk suto rosi
Podarujemy bukiet z kwiatów dla Cioci Zosi

Tych ślicznych z kolorowych bajek
Pięknych róż czerwonych i niezapominajek.

My bardzo Ciocię Zosię kochamy
Więc z tej to okazji dla Cioci Zosi zagramy
Sto lat dwieście co tam trzysta
Dużo zdrówka oczywista.

Zespół muzyczny nie byle jaki
Pierwszych skrzypiec skoczne tony
Należą do naszej Asi
Tomaszek dmie na saksofonie
A Daruś dmucha w waltornię
Kaia na pianinie a Klaudia na klarnecie
Dominik na organach
Staś Pysek uderza w półmisek.

To dzieje się i naprawdę
Widać słychać to się czuje
Ale co jest tu najważniejsze
Prawdziwe wspaniałe i święte
Tereska jest tu głównym bossem
Bo prawdziwym dyrygentem.

## O kotach

1
Oczy kocie myśli błahe
I pytanie się nasuwa
Czy dogonisz może kota
Bo wiadomo on zasuwa.

Kotka możesz przykryć czapką
Odwdzięczy się zadrapnie łapką

## Dla odmiany

Zauważysz jego minę
I ucieknie pod pierzynę.

Mały psiak biega za kotem
Do przodu w prawo na lewo
Lecz kotek jest jednak sprytniejszy
Bo uciekł przed psiakiem na drzewo.

2
Kot jest przyjacielem człowieka
Pomruczy na mleko czeka
Spróbuj nie dać to ucieknie
Przeprosić należy kota
Choć wiadomo że niecnota.

W genach kota jest drapieżność
Typowa życiowa zależność
A z reguły to my wiemy
Że koty mają dobre geny.

Kotek myśli jak się schować
Jakąś myszkę upolować
Więc chowają się za murki
Obserwując mysie dziurki.

3
Kot nie głupi myśli liczy
Dziś oświadczył się kocicy
Dostał kosza i po sprawie
Lamentuje na murawie.

A co zrobiła wybranka kota
Ta przebrała się za węża
Nie chce kociny biedaka

Szuka bogatego męża.

Już rok biega za nowym kotem
Zdarła butów cztery klapki
Uszka nawet zwiędły trochę
Boli ją głowa i łapki.

4
Kotek skoro już coś zbroi
To mu się zwężają oczka
Minę robi przy tym kruchą
Dziwnie skrobie się za ucho.

Merda ogonkiem i się łasi
Ocierając się o spodnie
Rusza wąsem łezki chroni
To przed ścierką go obroni.

Ciocia rzekła      miły kotku
Z ciekawości byłeś w środku
I przycięło tobie łapkę
W zwyczajną na myszy pułapkę.

5
Kot pochodzi od tygrysa
Stary kot to się nie martwi
Ale to zwierzaczek sprytny
Wesoły z kulturą ambitny.

Z kotkiem można grać w palanta
W siatkówkę i zgadywankę
Uwaga należy posprzątać
Ze stołu łyżki i szklanki.

Dla odmiany

Kot się nie upije nigdy
Nie powącha nawet piwa
Nie opiera się o drzewa
I na płocie się nie kiwa.

6
Proszę ciebie przytul kotka
Pocałuj w pyszczek jak ciotka
Gdy całujesz w środy piątki
W szkole w dzienniczku jest z końcem
Same szóstki celujące.

Wychodź z kotkiem gdy deszcz pada
I omijaj z nim kałuże
To zwierzęta pod ochroną
Możesz mieć kłopoty duże.

Proszę nie chodzić środkiem ulicy
Nie sadzaj kota za kierownicą
Bo kotek łapka nie dosięgnie gazu
I nie hamuje od razu.

7
Jesteś kotku moim dzidzią
Dobrze że nas razem widzą
Kupię ci w Wegmansie mleczko
Z nakręteczką i zawleczką.

A więc chlipaj kotku drogi
Babcia ugotuje pierogi
Asia przyniosła sereńka
Dla babcinego koteńka.

Ale dziadek sobie przechlapnął

Zaczął z kicią ten go drapnął
Dziadzio trzasnął kotka w p...
Kot mu zamian wylał zupę.

8
Kto był na kocim weselu
Myślę że tylko niewielu
Ale to się długo pamięta
Splecione kocięce łapięta.

Kot młody z ogromnym wąsem
Szarmancko się oświadczył wybrance
Ukłonił się zwinnej kocicy
Niegłupi kot na coś liczy.

Tak zamieszkali za strugą
Lecz rozwód się odbył niedługo
Bo kot się okazał niepłodny i kusy
Dlatego to odejść musi.

9
Kochane kotki i drogie koty
Zwinne grube i te leniwe
Pracowite i te beztroskie
Nieobliczalne kuse i chciwe.

Mieszkam w domeczku pod lasem
Nie mam nic do roboty
A bardzo uwielbiam koty
Zaopiekuję się bez wyjątku
Od poniedziałku do piątku
Mam wykształcenie pieniądze i klasę
Po prostu lubię kocianą rasę.

Dla odmiany

10
Kotki miałczuszki moje zwierzaczki
Małe bezbronne koślawe dzikie
Przyjeżdżajcie za ocean
Zobaczycie Amerykę.

Pani po was wyjdzie i przywita
Nie zaczepiajcie Azora
Bo na swary jest nie pora.

Azor zaszczekał chciał ugryźć kotka
Jak go ręcznikiem zdzieliła ciotka
Uciekł i krzywdy nie zrobił dzidzi
Zamknął się w budzie dotąd się wstydzi.

11
Mój przyjacielu kochany kocie
Znów jesteś ze mną i przy sobocie
Proszę kolacja na Mruczka czeka
Zaraz podgrzeję ci kapkę mleka
Trochę serniczka spróbuj z lodówki
Tylko bez nerwów nie podnoś główki.

Oj się sparzyłeś gorące mleczko
Dziadzio rozgląda się za apteczką
Poda lekarstwo i ból ukoi
Podaj łapunię czego się boisz
Zaraz się z dziadkiem do snu utulisz
I do buziaka dziadzi przytulisz.

Dziadzio obiecał myszkę z pułapki
Możesz figlować bo nie ba babki.

12

Miłe kocięta dorosłe koty
Tęsknią za wami spichrze i płoty
Krówki w oborze owieczki konie
Nawet lamparty żyrafy słonie.

Z jednym wyjątkiem z niezwykłą klęską
Tylko za wami myszki nie tęsknią
Małe istotki a czy to ładnie
Znikają w dziurach i gdzie popadnie.

Wszyscy to czują widzą i słyszą
I rozmawiają przy porannej kawie
Należy zatem ogłosić rozejm
Zgoda nastąpi i już po sprawie.

Kotek się z myszką tuli uprzejmie
Komisja śledcza ustawa w sejmie.

13
Sporządzamy dziś zakupy
A produktów lista długa
Kotek dziś taki milutki
Pięknie do Asieńki mruga.

Pokazuje małą łapką
I wąsami groźnie trzęsie
Na mięsko białe indycze
W drogim sklepie bo Wegmensie.

W zabawkowym z innej beczki
Lubi maleńkie piłeczki
Kusą małpkę z gumy myszkę
Tanio nie za całą dyszkę.

## Dla odmiany

Asia bardzo kocha kotka
Maleńkiego w kropki trzpiotka
A w podzięce mały malec
Ugryzł Asię w duży palec
Udając jak bardzo się cieszy
Z radości do domu się śpieszy.

14
Kocie sprawy i problemy
Małe duże i kociane
Oglądamy różne rzeczy
Z kociakami nagrywane.

Kot w czarodzieja się wcielił
I zamienił konia w małpę
Małpa wystraszyła grono
Któż to widział na ekranie
Małpę zwyczajnie zieloną.

15
Mamy kocice są troskliwe
Bardzo dbają o kocięta
Pielęgnują swe maleństwa
W dni powszednie oraz święta.

A takie zabawy kocie
Fruwają kociaczki jak ptaszki
Wydziwiając barabaszki.

Śmieszne niemrawe koślawe
Wyczyniają śmieszne pląsy
Przewracają się mruczą miauczą
Wykrzywiając przy tym wąsy.

16
Kocie życie kocie sprawy
Tak poważne i złożone
O kotach pisze się w księgach
I to w obszernym wywodzie
Coraz częściej i gęściej.

Koty już od zamierzchłych czasów
Są gatunkiem zwierzęcia w przyrodzie
Nie przechodź nietrzeźwy przez drogę
Gdy przebiegnie kot nią pierwszy
Bo możesz upaść na zadek
I spowodować wypadek.

17
W gazecie kolejny artykuł
Proszę mamy taki tytuł
O mezaliansie kotka i myszki.

Czytał ktoś dostał zadyszki
Cóż więc kota z myszą łączy?
Jak się ten mezalians kończy?
Sprawa została odkryta.

Temat zakończył się dramatem
Myszka znikła koło piątku
Kot sam pozostał w chacie
Czy to aby jest w porządku?

18
Kotki to zwierzaczki mądre
Wspaniałe zwinne i bystre
W pewnym kraju Katolandzie
Kot został pierwszym ministrem.

Dla odmiany

Władał mieczem palił fajki
Opowiadał piękne bajki
Równe prawa myszom stworzył
Dużo dobrego namnożył
Bardzo celnie strzelał z łuku
Z wielką szkodą bo bez huku.

**Potargane uczucia**

Trudno lecz musisz z tym się pogodzić
To co tak nagle już następuje
I nasuwają się pytania
O to co nowe sprawy odsłania.

Moda na sukces przejęła stery
Znika uczucie a z nim maniery
Kultura chowa się do lamusa
Nikną przyjaźnie szarzeje dusza.

Czupryna w górze nad samym ranem
A w głowach myśli mkną potargane
Pogoń za dobrem pieniądzem sławą
Jest priorytetem i pierwszą sprawą.

Bywa że coś w sercu zadrży i natchnie
Coś niezwykłego nastanie w duszy
To coś nowego wzbudzi przypadkiem
Pomoże wniknąć w trudną zagadkę.

**O niczym**

Pisać o niczym w pozornym haśle
Czuć się zwyczajnie jak pączek w maśle

Być może tworzyć zwykłe herezję
Nie rozumianą twórczą amnezję.

Z wielu powodów i jakichś przyczyn
Trudno jest podjąć temat o niczym
To czego nie ma bo nie istnieje
Nigdy nie było i się nie dzieje.

Życie to program stworzony układ
Nic nie posiadał a ktoś go okradł
Złodziej w przypadku tym czy jest winien
Czy pokrzywdzony bo mieć powinien?

Co zrobi sędzia? Kogo ukarze?
Sprawy nie było skąd wziął się sędzia?
Wyroku nie ma
Komisja o niczym niedługo powstanie
Brak odpowiedzi nowe pytanie.

**Wolni i co dalej**

Istniejemy skrępowani w czasie
Policzeni i połączeni krępym sznurem
Tworzymy coś związane z losem ludzi
To coś niezwykłego co wiele niejasności budzi.

W przestworzach kosmosu nasza ziemia
Obdzielona ziarenkami piasku
I zieloną kołdrą przykryta
Po ciemnej ponurej nocnej ciszy
Promieniami błysków słońca nas wita.

Uwikłani w codzienne sprawy ludzkie
Żyjąc biednie czy luksusowo na tej ziemi

Dla odmiany

Czy naprawdę rozumiemy dlaczego
Krzątamy się pracujemy żyjemy?
Dobić targu by znaleźć się na szczycie
Tworzyć prawdę przebijać się przez życie
Jest sztuką darem Boga nagrodą
Czuć w sobie duszę rześką zawsze młodą.

**Pieprzna sprawa**

Mamy czasy i nie lepsze
Ktoś zapieprzył skrzynię z pieprzem
Musiał być to ktoś i lepszy
Skoro tak się o tym pieprzy.

Nie ma pieprzu nie polepszysz
Cukrem zupy nie przypieprzysz
Kupi klient pierwszy lepszy
Zwraca towar i opieprzy.

Urząd szybko sprawę zwietrzył
Pieprznięto sprawę do sądu
Okazało się też wkrótce
Pieprz zapieprzył gościu z rządu
Upił się i bzdury pieprzy.

Kogo teraz tu opieprzyć
Jeszcze bardziej sprawę spieprzyć
Wystrzelono skrzynię z pieprzem
Wysoko w górę w najlepsze.

Pieprz zapieprzył wnet powietrze
Trzeba pomieszczenia wietrzyć
Co tu począć znaleźć wyjście

Kogo ukarać i opieprzyć?

Tego co podpieprzył skrzynię
Czy tego co powietrze zatruł
A może podzielić do połowy
I problem mamy już z głowy.

**Sen babki**

W nocy babka miała zjawy
Sen okrutny nieciekawy
Gdy się zjawił pastor Wacek
Babina nie dała na tacę.

Wacław ze złości zielony
Nasłał na babkę demony
Tak zaczęło się gonitwą
Babka broniła się brzytwą.

Zareagował też dziadek
Omal życiem nie przypłacił
Gdy stanął w obronie babki
To sam spieprzył się z kanapki
I uszkodził starą laskę.

Ba teraz jest babka na łasce
Dziadek ma trudności z mową
I tak to w ramach pokuty
Muszą wszystko zaczynać na nowo.

**Prawda o socjalizmie**

Socjalizm miał twarde reguły
Należało się wszystkim po równo

## Dla odmiany

Otrzymujesz i oddajesz
Coraz wspanialszym się stajesz.

Nikt wtedy pretensji nie wnosił
Obywatela przypadkiem okradli
Winny się znalazł przeprosił
Oddał z nawiązką z procentem
I dożywotnią rentę.

Dlaczego socjalizm upadł?
Bo nie było już czym dzielić
Wszystko było sprawiedliwe
Nie ma kogo opierdzielić.

A obecnie mamy ustrój
Tak prawdziwy że oklaskiwać
Nie wygląda to tak ładnie
Nie masz za co kupić bułki
Za to sraczka cię dopadnie.

**Z czasem**

By się z tym problemem zmierzyć
Należy czas przestać mierzyć
Wskazówki z zegarków wyrzucić
I do normalności wrócić.

To rozwiało sprawę całą
Cóż się teraz okazało
Pracujesz przez długie godziny
Nie masz czasu dla rodziny.

Ustawowy czas zaniknął
Można się do pracy spóźnić

Obowiązek został tylko
Umieć dzień od nocy odróżnić.

Na zbyteczność miary czasu
Opracowano dowody
Nigdy się nie zestarzejesz
Nie masz czasu jesteś młody
Mocny rześki zwinny wartki
Nie zważaj na buzi zmarszczki.

**Kaprys**

Pomyślałeś rysuj zapisz
Czy stać mnie na jakiś kaprys?
Kupić może niezłą furę
Wspiąć się na wysoką górę.

Zostać prezydentem narodu
Nie zaznać zimna czy głodu
Wygrać z tygrysem na łapki
Nie zakładać w zimie czapki
Do pracy nie brać kanapki.

Marzenia dalekie nieznośne
Nadzieje kapryśnej zachęty
Stwarzają zasadzki i haki
Zradzają stan dziwnie nijaki.

A może by zagadnienie kaprysów
Ocenie surowej poddać
I przykładowo gdy ciśnie
Moczu honorowo nie oddać.

Kaprysy się miewać opłaci

Dla odmiany

Najlepiej gdy ktoś za to płaci
Z uśmiechem na twarzy kapryśnym grymasem
Codziennie mijamy się z czasem.

**Zagrożenia**

Ważne sprawy ludzkie nowe
Umowy międzypaństwowe
Zarządzane są przez ludzi
Wiele wątpliwości budzi.

Ministerialne urzędy instytucje
Kierowane przez uczonych
Stwarzają różne zagrożenia
Trudne nie do uwierzenia.

Tak to myślał wielki Zyga
Na wysokim trybunale
Wygrali wodzowie nadęci
Wniebowzięci uśmiechnięci.

Tylko ci co tam zginęli
Tych nie cieszą dziś ordery
A komendant jest wkurzony
Gdzie uśmiechy do ch...

**Wadliwy świat**

W odwrotną stronę nadzieje poszły
Nigdy tak przedtem nie było
Coś się chyba pokręciło
Wiosna już a do tej pory
Ciągle te szare kolory.

Koniec kwietnia maj nastąpił
Na dworze ciepła ktoś skąpi
Deszcz zacina droga śliska
Że serce od żalu aż ściska.

Nie da rady nikt nie zdąży
Zrobić ładniejszą pogodę
Uczeni i wszyscy mądrzy
  Nie zadziałają nie w tym temacie
A dlaczego pytacie?

Coraz bardziej dłuższe zimy
Przez zanieczyszczenie powietrza
Unoszące się w górę dymy
Słoneczko nie daje już rady
Stąd zimnice i opady.

**Lament**

Żyję ale czy coś znaczę
Biegam w kółko krzyczę i płaczę
Wiem dlaczego się ziemia obraca
A pijak się po wódce zatacza.

Rozumiem że płacz jest formą lamentu
A do nieba prowadzą kręte drogi
A życie jak zboże ścięte
I ciągle to nowe wymogi.

Tak niedawno kropiono mnie wodą
Buźkę miałem tak skromną i młodą
Lata przemknęły i nastał lament
Trzeba zbierać się i sporządzić testament.

Dla odmiany

I nastał duży problem w tym momencie
Co mam darować i co komu w testamencie
Skoro nic nie posiadam do tej pory i zaznaczę
Jeno sińce pod oczyma lamentowe płacze.

**Kłopot z natchnieniem**

Jak tworzyć gdy znikło natchnienie
Nic do głowy nie chce wejść
Coś się stało nie wiadomo
Zamurowało mnie i cześć.

Może wczoraj się przejadłem
Z drabiny na głowę spadłem
Zgrzeszyłem myślą czy czynem
Dlatego ponoszę za to winę.

Myśli krążą mi po głowie
Miałem dziwne przywidzenie
Liczę że Bóg mi pomoże
I przywróci mi natchnienie.

**Czekam**

Ktoś czeka na coś na kogoś
Wciąż w myślach powraca
Niezmiennie przez wiele razy
Wspomina zdarzenia i łamie tym głowę
Skąd wziąć odpowiedzi?
Nie wszystko gotowe.

Czekamy na dzisiaj na dworze tak cudnie
Kolejne godziny nadeszło południe
I dzionek niebawem swe dzieło dopełni

Słoneczko się skryje i zmrok się zapełni.

A czas nas nie pyta o nasze intencje
Nie zważa na prośby być może pretensję
Choć bardzo wpisany jest w życie i pracę
Istnieje żyję i jestem.
Dlatego coś znaczę.

**Napad podpadł**

Dużo się pisze w prawie i mediach
Różne napady kradzież tragedia
Gdzieś bank okradli jacyś złodzieje
To już normalność i tak się dzieje.

A co kradzieży jest tu wynikiem
Nieobliczalne problemy w skutkach
To coś zakrawa na okropieństwo
Wczoraj motykę wcięło z ogródka
Taką co zwykle się glebę dziabie
Motyka znikła i po zabawie.

W życiu wiadomo to różnie bywa
Babcia w ogródku dobre moce wzywa
Martwi się bardzo dziadek Korfanty
Ktoś wziął motykę a w niej brylanty.

Od rana nie zjadł nawet kanapki
Bo te brylanty to posag babki
Trudno utrzymać nerwy na wodzy
Babcia i dziadek nie tacy młodzi
Teraz się z każdym grosikiem liczą
Szukać motyki gdzie? Na księżycu.

Dla odmiany

A to się stało po dziadka wpadce
Dziadek motykę pożyczył sąsiadce
By opieliła swoje warzywo
Sam po cichaczu poszedł na piwo.

Babcia sięgnęła dziadka sierpowym
Wyskoki do baru ma też już z głowy
Lecz wybaczyła mu tę sklerozę
Łezki wyciera też po kryjomu
Spokój i radość jest w całym domu
Wiwat motyka a w niej brylanty
Zabezpieczenie na dalsze lata
I bez napadu los figle płata.

**Lista marzeń**

Marzenia o dobrym zdrowiu sławie
Pomyśleć nie kosztują nic
Mieć nadzieję i marzyć ile wejdzie
Spełni się i nigdy nie odejdzie.

Ułożyć listę marzeń dla przyszłości
Na motywach pomyślności przejrzystości
Mieć nadzieję że powinny się spełnić
Nasze dążenia i marzenia wypełnić.

Marzymy zatem do woli to nie boli
Bez ograniczenia i jakiejkolwiek kontroli
Pielęgnujemy to co mamy na czasie
Korzystajmy z życia ile da się.

**Na przestrzeni czasu**

Na przestrzeni w dniu dzisiejszym

Czas pomyśleć o tym jutrzejszym
Który czeka w kolejności
W zaufanej konieczności.

Wstałeś umyłeś buziaka
Co to w szczęce dziura taka
Stracić zęba i w noc ciemną
Nie jest tak sprawą przyjemną.

Pomyślałeś teraz o kurcze
I do tego dziwne skurcze
Z braku jednej zwykłej kości
Wzbudziło się uczucie żałości.

To coś z samego ranka
Poczułeś na plecach chłód wielki
W końcu kupisz ten otwieracz
Bo czym otworzysz butelki.

Tak się można sponiewierać
Ząbkami browarka otwierać
Pomylić ząb z otwieraczem
Spojrzę w lustro zaraz płaczę.

**Źle**

To wtedy jest tak bardzo słabo
A w skrócie to bardzo źle
Bo w głowie coś huczy z rana
To skutek mocnego szampana.

Tak powiem przegięcie troszeczkę
Kto pije niewiele tylko beczkę
A jeszcze hałasy wiwaty

Dla odmiany

I rankiem powroty do chaty.

Więc żeby nie było problemów
I w głowie ustało brzęczenie
Wycofać z obiegu te świństwa
Świadomi młodości dzieciństwa.

Komu źle jest niech się stara
Coś dobrego w życiu zrobi
Pracując przez całą dobę
Wtedy szybko się dorobi
Konta mienia może skarbu
A w ostateczności garbu.

**Tatusia wcięło**

Tatusia wcięło bo się nie rusza
Była wypłata nawiała dusza
Tato na wyrku duszyczka w barze
Uprawia harce gra na gitarze.

Tatuś jest czysty on nie jest winien
Wstydzić się tego szampan powinien
Synek tak myśli i tu ma tu rację
On wie rozumie tę sytuację.

Co kombinować kłamać i mamić
Mama musiała duszę ochrzanić
I odtąd tatę już nic nie suszy
Zasługa mamy synka i duszy.

**Ciemność nocy**

Noc nadchodzi gnuśna nieprzyjemna

Gwar i świergot ptaszyny milknie
Dzień się broni resztkami światła
Nim ostatni promień słońca zniknie.

Z każdą chwilą tak kroczek po kroku
Odczuwamy o boleśnie w naszym wzroku
Czarność tli się że prawie nic nie widać
Odwaga się na pewno może przydać.

Noc obiecuje i dużo może nam dać
Przecież w nocy nie musimy się bać
Ułóż głowę na poduszkę i zaśnij
Księżyc wzejdzie to ciemności rozjaśni.

**Żółte kartki**

Kalendarz pożółkł zmartwiały kartki
Czas zrobił swoje i ujął w kleszcze
Zdołać udźwignąć ciężar życiowy
Ile przed nami zdarzeń jest jeszcze?

Uwiędłych kwiatów nagie bukiety
Chłostanych wiatrem milczących twarzy
Co koń wyskoczy w galopie czasu
Przebrzmiałych łaknień straconych marzeń.

Kolumna ścienna kalendarz dźwiga
Minut i godzin dni i miesięcy
Ciężarem czasu wzlotów upadków
Widmo przyszłości nowych przełęczy.

**Czkawka**

Zieleń jeleń sadzawka

Dla odmiany

I niecodzienna czkawka
Co się stworzyła z niczego
Na co i komu? Dlaczego?

A czkawka skąd pochodzi?
Nadchodzi gdy pamięć zawodzi
I może wywołać padaczkę
A w kolejności świstaczkę.

Świstaczka trafia się w kinie
Na pełnym horroru filmie
Z powodu biletu ceny
Ktoś z widzów zlatuje ze sceny.

A świstawka nie leczona
To powoduje trzęsawkę
Można się unieść na górę
Spaść i uszkodzić posturę.

**Oklaski**

Oklaskiwałeś ich
Biłeś im brawa przez wiele godzin
Klask klask klask w imię zaszczytów
Orderów i narodzin.

Klaskałeś im
Bo wtedy była moda taka
To jeszcze wiwatowałeś
I wydzierałeś buziaka.

Przeminął czas
Oni kupili nowe barwy
Zmienili ton

Zabrali tobie budę z psem i dom
A teraz drżysz i każą ci zaciskać paska
Brakuje ci sił
Oni na nowo każą klaskać.

Więc po cóż drżeć
Zadawać takie pytania głupie
Nie klaskaj im
W to miejsce podrap się po d....

**Chęci**

Jak są chęci to się kręci
W raju kraju i na świecie
Święci w niebie i żyjący
Za karę w piekle cierpiący
Z biegiem czasu za pamięci
Tak do życia to coś nęci.

Z powyższego więc wycieka
Chęci zwykłego człowieka
Prostego obywatela
Co nie narzeka a za...
Osiągnięcia i przegięcia
Potknięcia i górne wzloty
Ba nie nadążają stopy.

Chęci moje nasze cudze
Ranek nastał gdy się budzę
Ręce składam do modlitwy
Używam żyletki czy brzytwy
Myję buźkę wodą chętnie
Jestem twardy i nie mięknę.

Dla odmiany

**Mocowanie z czasem**

Temat prosty a nawiasem
Mamy do spotkania z czasem
Ktoś odgórnie postanowił
W czasowy temat nas wrobił.

Nie mam czasu nic nie znaczę
Sobie komu wytłumaczę
Udowodnię że ja jestem
Słowem czynem myślą gestem.

Czas jest w tobie we mnie w koniu
W pokojowej zwykłej szafie
Czas przesuwa w zegarach wskazówki
Rozwiązuje łamigłówki.

Czas liczony jest bez skali
Bardzo zajęty i nudny
Bez koloru i zapachu
Fantazyjny i bezbłędny
Nie cofa się bo mu się nie chce
Zrobi to co mu się zechce.

**Przyglądam się sobie**

Ukradkiem na siebie spoglądam
Jak ja naprawdę wyglądam?
Mam odstające uszy i czuprynę
Oczy zielone i dziwną minę.

Dlaczego żyję? Bo muszę
Nikomu nie robię łaski
Postarzałem się lecz nie używam laski

Tracę pamięć i słuch mi szwankuje
Ale ogólnie to się dobrze czuję.

A co ludzie jak mnie widzą
Być może się za mnie wstydzą
Że nie jestem taki jak oni
I coś się mi nieraz złego przytrafia
Patrzę w lustro i szlag mnie trafia.

**W locie**

Wzbił się wielki ptak w powietrze
Ciężki metalowy twardy
Dźwięk wydaje nietypowy
Niczym strzelające petardy.

Wymyślony przez człowieka
Śmiało przemierza przestworza
Omija wysokie góry
Pustynne przestrzenie i morza.

Wielki ptaku samolotny
Działaj sprawnie i ochotnie
Spraw byśmy cali i zdrowi
Do domów wrócili powrotnie.

**Patrz i ucz się**

Widzę siebie w lustrzanej fali wodnej
Zniekształconej postury postaci
Z nietypowym koślawym buziakiem
Sytuacja i tak niecodzienna
To sprawiła woda studzienna.

Dla odmiany

Patrz i ucz się na fali zarysach
Pomyśl nieraz o ludzkich kaprysach
I nie pozwól by mózg twój wyprano
I cokolwiek za darmo dawano.

Prawa ziemskie ustawki i zgrzyty
Z biedą ściera się bogactwo zaszczyty
Patrz i ucz się i kochaj do woli
Bo prawda i miłość nie boli.

## Sześćdziesiąt trzy

Szóstka z przodu trójka z tyłu
Co uczynić jak to zrobić
Trójeczkę przestawić do przodu
A szósteczkę dać do tyłu.

Przez tę małą kombinację
Młodzieńcze zyskałem rację
Na czółku zjawiły się włosy
Podskakuję pod niebiosy.

A bicepsy mój ty Boże
Twarde potężne spiczaste
Wystartowałem do biegu
Kurz unosi się nad miastem.

Ba cieszyłem się za wcześnie
Bo wszystko zdarzyło się we śnie
Ranek i uczucie chłodu
Trójka z tyłu szóstka z przodu.

**Fachura**

Przydarzyło się fachurze
Przez zwyczajne jajo kurze
Podróżował kiedyś lotem
Zostawił kanapki na górze.

W samolotach bardzo drogo
Na kieszeń fachury ubogą
Ceny niebotyczne mają
Sięgnął po kanapkę własną
A w niej gotowane jajo.

Jajo z bułki się wyślizło
I koleżkę w czółko gwizdło
Znak pozostał mu na czole
Zadrapanie i guz tęgi
I do tego na buziaku
Dwa siniaczki się wylęgły
Do tej pory zachodzę w głowę
Skąd to jajo metalowe?

**Barcelona dzisiaj**

Pofruwamy i siądziemy
W górze nie jest wcale ślisko
Nasz samolot się zawija
Już do Barcelony blisko.

Dobrze jest i nam to pasi
Pofruniemy dziś do Asi
Naszej córeczki z dyplomem magistra
Sprawa poważna i oczywista.

Dla odmiany

Jutro dotrze też Tomaszek
Razem spożyjemy kaszę
Wypijemy słodkie wino
Za zdrowie wasze i nasze.

Wybierzemy się do Rzymu
Do Paryża i na plażę
Ostatnie dni będą pełne
Dobrych i ciekawych wydarzeń.

**Pochwała**

Poznajcie państwo proszę moje wiersze
Nie ostatnie to są jeszcze a były już pierwsze
Jak rześkie jest powietrze na wietrze
Niedługo utworzę te *Wiersze Lepsze*.

Jak głęboki jest Bałtyk i szerokie mosty na Wiśle
Wnet potężna światłość twórcza na mnie pryśnie
Która pozwoli poszerzyć we mnie zapały
By talenty pisarskie się rozwijały.

Na teraz na jutro w przyszłości
W imię prawdy rzetelności radości
Czytajcie moje *Wiersze Pierwsze*
*Coś Jeszcze* i *Fraszki*
Dorośli młodzieży i bobaski.

**Hiszpańskie bułeczki**

Bułeczka upieczona w piekarni
Nad Balearskim Morzem
Jest pyszna słodka
Wiele sprawić radości może.

To jest coś takiego istny cud
Zaspokoi natychmiast każdy głód
Zjedzona z apetytem co nie minie
Beztrosko wspólnie rodzinie.

Chlebek Boży z Nieba to łaska
Pszenna bułeczko ty tak pachniesz
Palce lizać chce się nawet klaskać
A jogurtem posmarowana mlecznym
Czyni nasze żołądki bezpiecznym.

Ach bułeczki pokrojone w plasterki
Usuwają w nas smutek i rozterki
Chrupiące pożywne delikatne
Mrugają radośnie i przyjaźnie.

**Kopia**

Dawno temu przed potopem
Byłem inny aż dziw bierze
Silnym i wysokim chłopcem
Wspaniałym wytwornym rycerzem.

Posiadałem twardą zbroję
Miecz łuk strzały i przyłbicę
Pojawiałem się w pałacach
Szalały za mną pannice.

Wtem nastała wielka woda
I nie było na co czekać
Noe ja i jego rodzina
Wszyscy musieliśmy uciekać.

## Dla odmiany

Płynęliśmy tak na Arce
Wypiliśmy gdzieś po ćwiartce
Nagle mną zaczęło kiwać
I przez nieostrożność kurcze
Przewinąłem się przez burtę.

Zrozumiałem że się topię
I oryginał zniknął wiecie
Przewidziałem wziąłem kopię
Dlatego stąpam po świecie.

**Nowe do napisania**

*Narrator*
Po nocy ciemnej i głuchej
Opuściła miękkie poduchy
Przetarła oczy popatrzyła przez dym
I zmartwiła się ale czym?

*Duch zza zasłony*
Ktoś tutaj poranne prawo przekroczył
Przypadkowo suche ręczniki namoczył
Nie pomyślał i dziwnym przypadkiem
Wkurzył tym żonę i matkę.

*Tereska*
A niech to ch... trzaśnie
Ręcznik mokry i to ten mój
Jeden z najlepszych właśnie
Trzeba będzie natychmiast przewietrzyć
I wiadomo już kogo opieprzyć.

*Rzeczywistość*
Rzeczywistość się odezwała

Teresko uspokój się
Wielka sprawa się nie stała
Ręczniki uschną po czasie
I po co na buzi ślady grymasie.

*Pysek*
Sorry Teresko dzieweczko
Przepraszam to moja wina
Życzę zdrowia For Y0U
Przekroczyłem pewne zasady
To zdarza się i tam i tu.

*Atmosfera*
Popatrzcie sobie w oczy kochani
To normalne że się nieraz coś może pochrzanić
I z samego rana przy niedzieli
Ale błagam nie przejmujcie się tym
Nic się nie stało.

*Narrator*
A tak to jest prawdziwe samo życie
Zdarzają się kłopoty i ściemy
Problemy stwarzają się same
Duże mniejsze i wszyscy je mieć możemy
Ale kiedy to o tym nigdy nie wiemy.

**Pączkowe popołudnie**

Na początek to był piątek
Późne popołudnie godzina osiemnasta
Małżeństwo państwa Prusińskich
Wracało z wielkiego miasta
I zatrzymało się w korku
Na ulicy Nowego Jorku

## Dla odmiany

Inaczej się coś tak wydało
W samochodzie zapachniało.

Dziwny zapach nozdrza łechce
Trochę aż wierzyć się nie chce
Tereska zerka do tyłu
Stasiu też uwagę zwrócił
Czyżby ktoś na tylne siedzenie
Niewidzialny zapach podrzucił.

Powiem teraz prawdę całą
Przez dwie godziny pachniało
Świeżym ciastem tak że ach
Aż po dach.

Ktoś za myślą nie nadąży
I się okazało potem
Że to pączkami pachniało
Które podarowała Tereska z Łomży
A oni zapomnieli o tym.

Pulchne z pszenicznego ciasta
Na samą myśl chce się mlaskać
Przekładane świeżym owocem
W żołądkach działają niezwykłe moce
Do tego serdeczną nadzieją
Skosztujesz to oczy się śmieją.

Palce lizać aż po łokcie
Cieszą usta język ciepli
I do pączusia się lepi.

Tereska Teresce dziękuję
Całej rodzince Ani i Tomka

Niech Bozia daje wam zdrowie i szczęście
Do zobaczenia częściej.

Staś Pysek całuje rączki
Dziękujemy za wszystko
Polecamy się na pączki.

**Na Nowy Rok 2019**

Mijają kolejne roczki
O tak sobie beztrosko i miło
To jakby się dopiero zaczyna
A jeszcze się nie skończyło.

A tak się oficjalnie wyrażę
W Nowym Roku wszystko się okaże
Stanie się to co sobie wymarzę
A na co nas stać to się jeszcze okaże.

Życzę wszystkiego dobrego
Zdrowia i dużo forsy
Nowy Rok na pewno nie będzie gorszy
Od tego co minął przed chwilą
I tu pojęcia się nie mylą.

W Nowym Roku będzie fajnie
Nie ma sprawy
Na pewno będzie bardzo ciekawy
I spełnią się nam wszystkie marzenia
Witamy ciebie Nowy Roku
A ty Stary Roku do widzenia.

Dla odmiany

**Sen i sznurowadło**

Jak można się bardzo zdziwić
I buzię nietypowo wykrzywić
A pomyśleć a jakby wypadło
Z buziaka wyciągnąć sznurowadło.

Zwykła drzemka w biały dzień
Nagle w buzi zatrzeszczało
Ząb zabolał coś wypadło
Zaglądasz do lustereczka
O rety w buzi sterczy sznurowadło.

Czy to sen? czy to jest jawa?
Nietypowo dziwaczna sprawa
I w oczach staje dentysta
Jego robota to oczywista.

Co zadziałasz? A cóż ci zostało
Wyciągasz sznurowadło pomału
Fachowo to jest zapełnienie
Aż dziwne to nadmienienie.

Kurcze że to na mnie popadło
Trzysta dolarów za metrowe sznurowadło
Stłamszone bezlitośnie pod plombą
Że można by to nazwać bombą.

A może jednak lekarską pomyłką
Być może zawiodła tu ręka
Dobrze że to trafiło na twardziela
Co nie łamie się i nie pęka.

A najważniejsze że to wszystko

To działo się we śnie
I na narzekanie
Było za wcześnie.

**Czy warto**

Czy warto rozpaczać pod niebiosy
Wyrywać garścią z łysej głowy włosy
Patrzeć od rana w telewizyjny ekran
A w duszy myśleć
    Hej ty tam gościu na ekranie
    Nie kłam!

Czy warto często się tak podniecać
Na coś tak głupie i niewiarygodne
A to gdzieś tam komuś liści nawiało
Ktoś przypadkiem uświnił spodnie.

A ty patrzysz siedzisz twardo w fotelu
Oglądasz polityczne niezłe dziwy
Ten w krawacie zielonym się wyraził
Cholercia tamten ustrój był wadliwy.

Kto dał kroczek do przodu przypadkowo
O czymś mógł nawet i nie wiedzieć
Nazajutrz osądzony został
Niestety musiał swoje odsiedzieć.

Następnie wystąpił ten w krawacie czerwonym
Skłamał tak że aż dostał czkawki
I mamy lekką awarię
Na ekranie powstały migawki.

Chwila przerwy rozbłysło na ekranie

Dla odmiany

Co to? Cała golutka pszczółka Miki
Zapowiedziała groźnym głosem
Od dzisiaj wolno polować na dziki.

Bo te łotry tylko ściółkę psują
Bez umiaru bez podatku się seksują
Mało tego napadają na zagrody
I niewinne żaby na łące
A w południe to nawet zasłaniają słońce.

Nie wytrzymałem cisnąłem w ekran spodkiem
A wiadomości rozsypały się bezładnie
Lepiej skończyć to oglądanie
A nie czekać aż rozum się rozpadnie
Wkurzać się nie jeść nawet nie spać
Nie oglądając tych politycznych bajek
Mam szansę chociaż do jutra przetrwać.

**Chcesz być sobą**

Chcesz być sobą to nie naśladuj echa
Rozchmurz buziaka gdy ktoś do ciebie się uśmiecha
Sąsiad z dołu stryjek czy brata teść
Machnij łapką jak się masz? Co u ciebie słychać?
Cześć.

Jestem z tobą ty ze mną jako płeć odmienna
Bardzo często gniewliwa i zmienna
Niepotrzebnie zazdrosna o sprawy błahe
Nie przejmuj się kładź przysłowiową lachę.

Bądź sobą nawet wtedy kiedy ból nawiedzi kości
Musi boleć i to chociażby ze starości
Boli dusza chociaż nie widać że się rusza

Jak do łuku potrzebna jest strzała
Bardzo ważna chociaż taka mała.

A marzenia się zmieniają z małych na większe
Sprawy powikłane stają się prościejsze
A sumienia duchowo potężniejsze
We dni deszczowe i słoneczne jaśniejsze.

**Po co ci to**

Jesteś na froncie w czasie natarcia
Zero wody do picia i nic do żarcia
Zabłąkana kula trafiła kolesia obok w czapę
Urwało mu nogę i lewą łapę.

Teraz dopiero uświadomiłem sobie
Po co tutaj jestem? Co ja tutaj robię?
Tak naprawdę jestem zbójem i nic nie znaczę
Jest nijako a mogło być inaczej.

Kto tu zawinił czy ten co mnie tu przysłał?
On jest niewinny bo to jest ten lepszy
Siedzi sobie zwyczajnie w fotelu
Udziela się i wszystko pieprzy.

Spoglądając na zasłane trupami pole
Łzy się cisną na policzki ja p...
Tyle złego nazbierało się na koncie
A sumienie gryzie w duszy rwące.

Nagle rozległ się grzmot wybuchło
Gdzieś bardzo blisko urwało mi prącie
Nie jestem sobą
Straciłem wszystko.

Dla odmiany

**Tempo życia**

Tempo życia to jak szamotka
Każdego po drodze spotka
W dzień powszedni a nawet we śnie
Często gęsto później i wcześniej.

Z tempem życia to jest jak z nagonką
To coś tak mocno przylgnie do ciała
To się nigdy już nie odczepi
Oderwiesz się a z powrotem się przylepi.

A oto i przykładowe tempo
Golenie się żyletką tempą
Nie jednego to zmoże nawet zucha
Stąd ta krecha od ucha do ucha.

A te harówy ciągły pracy nawał
Tempo wysokie nagle chwycił zawał
Co teraz zrobisz ciałem o podłogę rzuca
Prostujesz się wyginasz kucasz.

Jakaż więc jest na tempo rada
Raz powstaje i raz opada
Nie zasłaniać się zwykle przynętą
Rada jest jedna zwolnijmy tempo.

**Chciwość**

Chciwość to jest zwykła menda
Taka jak się przypałęta
To narobi tyle szumu
Łącznie z utratą rozumu.

Human posiadł chciwość wtedy
Kiedy jeszcze nic nie było
Nie posiadał prawie nic
Ot zwyczajnie prosty pic.

Chciwość dzieje się w umyśle
Robi w mózgu duże dziury
Łamie zasady prawości
Kruszy prawa grube mury.

Skąd jest chciwość ktoś zapyta
Kupiona genetycznie nabyta
Nadana czy może z przeżycia
Okrutna nieciekawa ale do zbycia.

**Walentynki w Małej Polsce**

W Małej Polsce u Pani Ewy
Wszyscy tańczą hopsa sasa
Walce oberki i tanga
Wspólna jednakowa ranga.

Pyszne jedzenie tak urozmaicone
Kacze kąski kotlety pieczone
Galaretki smakołyki
Udka kurczęce i szaszłyki.

Jestem stałym w Małej Polsce bywalcem
Obiadki tu super że lizać palce
I dziewczyny tak szczęśliwe
Tu wszystko graniczy z podziwem.

Dziękujemy Pani Ewo

Dla odmiany

Za wiele dobroci i poświęcenia
Zostaniemy w naszej Małej Polsce aż do rana
Racząc się słodkim winem i kieliszkami szampana.

**Nasze Polskie Walentynki**

Potrzeba miłości jest darem dla ludzi
Na naszej ziemi jej krańcach znanych i nieznanych
Dlatego też został stworzony 14 luty
Jako specjalny dzień dla szczęśliwych i zakochanych.

Walentynki to dzień niezwykły
Od dawnych wieków do nowożytnych
A gadu gadu tak dla przykładu
Rzym starożytny z samego rana
Panienki z własnymi imionami
Wrzucają losy do dzbana.

Kawalerowie nie uwierzycie
Z wybranką losu przeszli przez życie
Co może zdziałać opatrzność niebieska
Szczęśliwcem został Stasio Pysck Prusiński
Wylosował karteczkę z imieniem Tereska.

A to dowód popatrzmy z bliska
To jest Tereska żona Stasia Pyska
Takie jest życie sami państwo widzicie
O rany jak ja jestem w Teresce zakochany.

A historyczny Święty Walenty
Wzrok pannie przywrócił dokonał cudu
Życie z miłości wielkiej poświęcił
Dobroć wymaga tak wiele trudu.

Bo miłość jest najważniejsza
Śmiejmy się ufajmy sobie
Uściśnijmy sobie dłonie
Niech uczucie w nas przez wieki płonie.

Urocze Walentynki i drogie Walente
Imiona wasze i serca święte i dobrze znane
A to co macie w waszych duszyczkach
Zawsze kochane.

O jakie wesołe i wdzięczne minki
Witajcie nam kochane Walentynki
Otaczamy was miłością
Z poszanowaniem i wzajemnością.

**Gdzie się spotkają J i T**

Gdzie się spotkają J i T
Albo na ringu albo w kościele
Na Atlantyku czy na Saharze
Co dalej będzie to los pokaże.

Mamy nadzieję że dobry Bóg
Połączy młode serca w rozterce
Będziemy razem na weselisku
Radośni wielce.

**Pokrótce turbulencje kulturowe**

Coś się z kulturą naszą dziś dzieje
Jak świat szeroki i ziemia długa
Potwornie zmienia się słownictwo
Czyja naprawdę jest w tym zasługa?

## Dla odmiany

Pokrótce można by rzec i tak
Czy w dobrą zmienia się w u nas gwara
Teściowa teraz już nie jest mamusia
Ale krótko stara gitara.

A gorzej żona to potorądzie
A zięciu debil i śmierdzi gumą
Nie dość że rentę babci przebuchał
To pastorowi w kratki nadmuchał.

Rolnik za pługiem konia przeklinał
Słów używając pożal się panie
Biedny konisko był u spowiedzi
I do tej pory klepie litanie.

Babcia w Toyocie złapała kapcia
Strasznie się wścieka gniewu nie kryje
Dziadzio na boso z kołem zapieprzał
Nie zdążył na czas szkoda nie żyje.

Prawda się stacza jak o tym mowa
Pastor zmarłego nie chce pochować
A że był biedny i nie miał kasy
Bez poświęcenia na wieczne czasy.

Trudno już w głowie myśli pozbierać
Gdy nie masz za co to nie umieraj
A z drugiej strony to szkoda chłopa
Jak odpowiedzieć by komuś na to
Niech się zakopie własną łopatą.

A w szkole uczeń napluł na mapę
To nauczyciel trzasnął go w łapę
Ten nie wytrzymał że się wyrażę

I rzucił w niego ciężkim lichtarzem.

I mamy skutki kolejny zawał
Sąd broni ucznia bo ktoś mu kazał
Uczeń to zrobił wkurzony w furii
Kazał to zrobić uczony z kurii.

A na urzędzie w okienku pani
Zamiast dzień dobry czy jak się masz
Coś tam zamiauczy piszczy i chrzani
Sprawę załatwisz jak flaszkę dasz.

A jak zachowasz się i nie tako
Powie beztrosko spadaj bydlaku
Misiu uważaj lepiej z kim grasz
I bez namysłu napluje w twarz.

Czy to na mieście czy na prowincji
Co drugi bandzior służy w milicji
Pałą oberwiesz to musisz wiedzieć
Choć nie wiesz za co a pójdziesz siedzieć.

Tak więc pokrótce płaczesz przy wódce
Trochę postękasz jak coś dolega
Po wyjściu z baru padasz na wznak
Budzisz się rankiem przykryty śniegiem
Wzrokiem rozmawiasz z zamglonym niebem.

I głośno myślisz co ja tu robię?
Na czole krecha na nosie krecha
W kolanie sterczy stalowy hak
A obok diabeł ogonem kręci
Jest ze mnie dumny wita mnie rano
Ale za chwilę dodaje      Fuck!

## Dla odmiany

Tak pomyślałem to koniec mój już
Nagle pojawił się Anioł Stróż
I reprymendą walnął mnie taką
Podnieś to dupsko ruszaj buziaku.

I razem z dobrym Aniołem Stróżem
Obok w kwiaciarni róże nabyłem
Do domu swego się doczołgałem
Żonie kwiatuszki owe wręczyłem.

Choć zaliczyłem cztery patelnie
I z czoła zeszła mi politura
A z noska prysła czerwona ciecz
Zdjąłem ze ściany wiszący miecz
I pomyślałem w zgodzie ze sztuką
Nie mam już wyjścia tylko seppuko.

Tak się wkurzyłem aż się spociłem
Ale z powrotem miecz powiesiłem
Choć zachowałem się nierzetelnie
To co minęło odeszło wstecz.

Obowiązuje i mnie kultura
Głowa do góry i smutki precz
Trzeba naprawić co się spieprzyło
Żeby w przyszłości wspomnienia mieć.

Co tam główkować o coś się wadzić
W życiu musimy sobie poradzić
Bo to jedynie jest słuszna droga
Z naszym sumieniem i wolą Boga.

**Być albo nie być**

Czy jesteśmy w stanie zrozumieć
Jak to naprawdę jest
I udowodnić wyraźnie z gestem
To że istnieję oddycham żyję
Ma znaczyć tyle że teraz jestem.

Jestem w tej chwili czy będę później
A byłem wczoraj aby na pewno
Co będzie z jutrem i od poranka
To coś takiego jak zgadywanka.

Pytania cisną się jak szalone
A odpowiedzi żadnych nie słychać
Idąc do przodu jesteś zmuszony
Dzienną niepewność ciągle popychać.

Czas mój objęty dziwnym aresztem
Jak udowodnię że teraz jestem
Siedzę w fotelu spoglądam w lustro
Oczom nie wierzę aż jest mi głupio.

Próbuję przenieść się teraz w czasie
Coś w mózgu szepcze jesteś grubasie
Lecz nie dowierzam to jakaś ściema
Coś nie pasuje chyba mnie nie ma.

Ale być muszę skoro to czuję
Patrzę na stopy i całą resztę
A w głowie obraz mi coś maluję
I mam uczucie takie że jestem.

Ciągnę rozmowę w tą i z powrotem

Dla odmiany

I nie przewidzę co będzie potem
Czasem się wkurzam mieszam się z błotem
Co już zakrawa się na głupotę.

Wtem zrozumiałem całkiem na serio
Jestem zwyczajną ludzką bakterią
Żyję przez dane mi od kogoś chwile
A los wyznacza dlaczego i ile.

Być może jestem zwyczajnie błędem
Nogi mam krzywe czerwoną gębę
Która bezmyślnie przeżuwa jadło
Dlaczego żyję? Tak mi przypadło.

**Obiecanka**

Z powodu biedy popadł w niełaskę
Na nic go nie stać nawet na laskę
Żyje o wodzie i suchym chlebie
Ktoś mu obiecał że będzie w niebie.

Ten co obiecał wszystko potrafi
Był głównym bossem na tej parafii
Uczony ponoć nie w ciemię kuty
Rozgrzesza daje cierpkie pokuty.

Pewnej niedzieli biedny się napił
Przy urodzinach jakoś to było
I do kościółka mocno trącony
A zamiast przodem to szedł do tyłu.

Pastor jak dojrzał że ten trącony
Strasznie się spienił aż spadł z ambony
A sytuacji to już nie zmienia

Zabił się w drodze bez rozgrzeszenia.

Czy spadający mógł się pocieszyć?
Mógł trochę wolniej z ambony spadać
I w międzyczasie z dobrych uczynków
Tak od niechcenia się wyspowiadać.

A ten wchodzący tyłem do przodu
Nie musiał grzechem sumienia chlapać
Ten mógł przewidzieć że pastor spadnie
I w jego sprawie więc mógł go złapać.

Gdzie jest prawdziwość i czyja racja?
Pastor przebywa w niebios wakacjach
Rozpamiętuje co i jak było
A biedny dalej chodzi do tyłu.

**Codzienność**

Codzienna szarość lenistwem nuży
Z czasem jest różnie skraca i dłuży
Zaciera wszelkie za sobą ślady
Z nikim nie wchodzi w żadne układy.

Ziemia obraca się po swojemu
Słońce wysyła promienną jasność
Gdyby nie zwykła niepewność jutra
To świat się liczy jak nasza własność.

Wystarczy spojrzeć na okolicę
I cóż widzimy płoty granice
Wielkie budowle mosty wieżowce
A na pastwiskach wełniaste owce.

## Dla odmiany

A noc zapadła ciemność się wkradła
W mieście z ulicy ludzi wymiotło
Księżyc zdziwiony wyjrzał zza chmury
Oświetlił światłem ziemi kontury.

Ranek nastaje promienny boski
Oczy się śmieją i serce rościе
Duchem rozpala otuchę sieje
Na nowo budzi nasze nadzieje.

**W tej ciszy**
W tej ciszy która się zaległa
W głębi mej duszy niczym pustka
Kruchości opuszczonych żagli
Bezradna bezlitosna trupia.

Otucha zbiegła gdzieś na manowce
Ostatnie skrawki nadziei skrada
Coś niezwykłego z duchem się dzieje
Zabiera coś co jeszcze istnieje.

Co dalej będzie co teraz przyjdzie
Gdy z wnętrza ciała duszyczka wyjdzie
Zastanie jeden zamiast dwóch
Pogięta pościel a na niej zuch.

Zupa wystygnie bywaj i cześć
Nie jesteś w stanie już podnieść d...
Od teraz swojego losu udźwignąć
Więc sam się żegnam idę stygnąć.

Lecz nagła zmiana któż by przewidział
Nowe nadbiegło z góry wiadomo

Głowa się dzielnie z poduchy dźwigła
Świadomość wraca jesteśmy w domu.

**Święto kobiet**

Chcę czy nie chcę ale wiem
Dziś jest 8 marca
Jest on najważniejszym w roku dniem
Już od początku istnienia świata
Dzień wyjątkowy i zawsze nowy
W odcieniach troski polski światowy.

To Święto Naszych Pań się zdarzyło
A piękne niebo się rozjaśniło
Czas nietypowy skoczno-radosny
Tak bardzo blisko mamy do wiosny.

To słychać czuć jest już od poranka
W gestach i słowach i miłej mowie
A nasi gniewni często panowie
Z uciechy dzisiaj stają na głowie.

Cała to prawda i żadnej ściemy
Wszystkiego niestety nie wiemy
Ale zabawa się już zaczęła
A więc ruszamy żwawo do dzieła.

Zapewne wszyscy to państwo wiecie
Kobieta ma pierwsze miejsce na świecie
A choć mężczyzna jest zawsze drugi
Też ma niemałe tutaj zasługi.

Panowie nic ująć nic dodać
Musicie się niestety poddać

## Dla odmiany

W tej kwestii to się i opłaci
Przekonywał panów nie będę
Ale wątpliwości się nie pozbędę.

Pan Bóg zanim stworzył Ewę
To zapytał się Adama
Ten zapewnił że będzie ją kochał
Ewa nigdy nie zostanie sama.

W tym pięknym sadzie gajowym
Ze ptasim śpiewem pod rajskim drzewem
Adam przy boku swojej pięknej żony
Pan Bóg często się przyglądał tej parze
Chociaż Adam bywał często zagubiony.

A sprawa ze złotym jabłkiem
Niestety zakończyła się rykoszetem
Ewunia się zagapiła
Adam nie miał swojego zdania
Nie musiał wcale złotego jabłuszka gryźć
Pomyliły mu się strony
Stąd te pretensje do swojej żony.

Ewa powinna wychłostać męża
Dobrze i solidnie rózgą
Wbić to co zawsze robiła
Do środeczku jego mózgu
A była piękna i już dorosła
Kochała męża i to dlatego
W świat szeroki z nim poszła.

A dalej to już wiadomo jak początek pieśni
My ludzie dwudziestego pierwszego wieku
Współcześni razem tutaj jesteśmy.

Dziś w Święto Kobiet
Od trzeciej już rano
My mężczyźni potomkowie Adama
Kłaniamy się Ewom
Naszym uroczym władczyniom
I pięknym paniom.

A niezależnie również od wieku
Proszę o ukłon zrób to człowieku
Młody czy średni czyś koło setki
Kup róże czerwone dla swojej Ewki
Zrób to ochoczo i całą mocą.

Świat bez kobiety bezkresna smuga
Nie miałby sensu swego istnienia
Nie ma śniadania obiadu kanapki
Jak się uśmiechać z niedożywienia.

Więc głośno mówiąc
Świat bez kobiet nie istnieje
Życie bez sensu znikną nadzieje
Kobiety nie ma w lodówce pustki
Nerwy napięte zawroty trzustki.

Bo te czarnulki i blondyneczki
Są tak powabne mądre i śliczne
Zawsze rozsądne i dynamiczne
Uświadomione i niepolityczne.

Buźki kochane jedwabne włosy
Choć gdzieś się trafi żądełko osy
Ale to wcale nie musi znaczyć
Małe potyczki idzie wybaczyć.

Dla odmiany

Dużo o naszych Paniach się mówi
I w kolorowych gazetach pisze
Proszę o brawa dla naszych dziewczyn
Głośniej panowie bo nic nie słyszę.

Wznieśmy toasty z tej to przyczyny
Za Nasze Żony Piękne Dziewczyny
Jesteśmy skorzy na poświęcenia
Spełnimy wszystkie wasze życzenia.

Dużo zdróweczka i pomyślność
I powodzenia szczęścia w miłości
Z całym szacunkiem w dobrym wina smaku
Duże buziaki od waszych chłopaków.

Stanisław Pysek Prusiński

Dla odmiany

# Spis treści

| | |
|---|---|
| Coś nowego | 5 |
| Hulać | 5 |
| Kogucie jajo | 7 |
| Koniec i basta | 9 |
| Dyktando | 11 |
| Niedźwiedź śpioch | 12 |
| Zdążyć na czas | 14 |
| Reporter | 15 |
| Istnieć | 18 |
| Dobre myśli | 19 |
| Błąd na duszy | 21 |
| Szczęśliwa babcia | 23 |
| Skarbonka myśli | 26 |
| Dziewczyna we mgle | 27 |
| Uprzejmość królewska | 28 |
| Dojść do czegoś | 31 |
| Lament choinkowej jodełki | 32 |
| Praca i relaks | 33 |
| Użyć sobie | 34 |
| Osioł | 36 |
| Bezduszny osioł | 36 |
| Pijus | 38 |
| Czarna lalka | 40 |
| Cholesterol | 41 |
| Tatry i halne wiatry | 43 |
| Zabroniony śmiech | 46 |
| Cicho siedzieć | 46 |
| Koń i technika | 48 |
| Sumienie | 49 |
| Nielegalne przywłaszczanie | 50 |
| Chińszczyzna w kosmosie | 51 |
| Osiągnąć | 55 |
| Na wabia | 56 |
| Nieskończoność | 57 |
| Wymienialność | 58 |
| Nie brzęcz | 60 |

Stanisław Pysek Prusiński

| | |
|---|---|
| Jesteś | 61 |
| Wieśniak | 62 |
| Sprawa słuszna | 65 |
| Nie mówię do widzenia | 67 |
| Trzymajmy się demokracji | 71 |
| Przekazywać życie | 73 |
| Jak powstał śpiew | 74 |
| Śpiąca dziewczyna | 75 |
| Bariera | 76 |
| Boże Narodzenie | 78 |
| Mamy szczęście | 79 |
| Mizdrzałka | 80 |
| Błąd przy powstawaniu świata | 82 |
| Czkawka | 83 |
| Duma | 85 |
| Wiara czyni cuda | 86 |
| Skoki i podskoki | 87 |
| Uczucie nie boli | 89 |
| Armata | 91 |
| Rozwód gryza | 92 |
| Przyciąganie | 95 |
| Test na życie | 96 |
| Ostatni wiersz | 97 |
| Zabrakło smaku | 98 |
| Kariera | 101 |
| Kultura na bakier | 102 |
| Radość | 103 |
| Kaśka | 104 |
| Leśny sen | 106 |
| Koniec piekła | 108 |
| Lekarstwo na obżarstwo | 110 |
| Pracowity Anioł | 112 |
| Wybryki | 113 |
| Wujek Felek | 114 |
| Zmagania Uli z Filipem | 116 |
| Być może ostatni | 118 |
| Czas biegnie | 119 |
| Do wszystkich | 121 |

## Dla odmiany

| | |
|---|---|
| Niedoszłe małżeństwa | 122 |
| Nie daj się | 124 |
| Dachowiec | 125 |
| Koń i jeż | 126 |
| Szczęście | 128 |
| Na morowo | 129 |
| Plany | 129 |
| Wady | 131 |
| Przypadek Kasi | 132 |
| Doping | 135 |
| Lew | 137 |
| Protesty | 138 |
| Cięcia w budżecie | 139 |
| Koguciany problem | 140 |
| Myślenie | 141 |
| Ideał | 142 |
| Kapryśna Danka | 143 |
| Pogoda i deszcz | 145 |
| Głodomor | 146 |
| Długi | 148 |
| Więcej | 148 |
| System ziemski | 150 |
| Skarbonka myśli | 151 |
| Modne Pendolino | 152 |
| Wszechświat | 154 |
| Marzenia Pyska | 155 |
| Co przyniesie nam kolejny dzień? | 158 |
| Ptaszek | 159 |
| Wyspa tęsknoty | 161 |
| Pijany niewdzięcznik | 161 |
| Podatki | 163 |
| Nie wróżyć sobie | 166 |
| Przebaczenie | 169 |
| Lekarstwo na inteligencję | 171 |
| Beztroska | 173 |
| Emeryt duch | 173 |
| Rodzaje wódek | 174 |
| Hobby | 175 |

| | |
|---|---|
| Rajd samochodowy zwyciężyła Tereska | 177 |
| Pod obcą banderą | 183 |
| Góral Alfred Badyl | 184 |
| Patrzeć na ręce | 185 |
| Kura i morze | 186 |
| Znaczyć coś | 188 |
| Miłość na odległość | 188 |
| Dążenia humana | 190 |
| Problem alkoholowy | 192 |
| Wnuczka i królik | 194 |
| Esemesy | 195 |
| Zima | 196 |
| Piękna zima | 199 |
| Zgodnie z płaczem | 199 |
| Groźny Zeus | 201 |
| Upadek Zeusa | 204 |
| O co chodzi? | 205 |
| Życiowe myśli | 206 |
| Pożałowano | 207 |
| Zdarzenie w niebie | 208 |
| Oświadczyny stulecia | 210 |
| Kryzys | 211 |
| Problem przedszkolny | 213 |
| Debaty | 215 |
| Udręka | 219 |
| Sędzia i osioł | 220 |
| Babcia ratuje dziadka | 222 |
| Lustrzane odbicie | 225 |
| Wyspa tęsknoty | 226 |
| Ogłoszenie | 227 |
| Zwykła pomyłka | 227 |
| Cel bogatego | 228 |
| Barcelona | 229 |
| Prawda o Katalonii | 230 |
| Wspomnienia z Barcelony | 230 |
| Fajnie było | 231 |
| Extra myśli | 232 |
| Chrzciny Gabriela i Noego | 232 |

## Dla odmiany

| | |
|---|---|
| Problemy | 233 |
| Czasy się zmieniają | 234 |
| Wiesia wyjeżdża | 235 |
| Dla Tereski | 236 |
| Po co ten pośpiech | 237 |
| Stało się | 238 |
| Razu pewnego | 239 |
| Marzenka | 240 |
| Nowe kapcie | 240 |
| Historia | 241 |
| Niebezpieczni | 242 |
| Nie poprzestawać | 242 |
| Nasze myśli | 243 |
| Popiół | 244 |
| Przytulone dziewczyny | 244 |
| A ja myślałem | 245 |
| Pierwsze kroki | 246 |
| Tereska | 246 |
| Wiersz nadzieja | 247 |
| Życie na serio | 247 |
| Ślimak i góry | 248 |
| Opowieści o ziemi | 249 |
| Miłość | 250 |
| Przeprowadzka | 251 |
| Wykluczeni | 251 |
| Śnieżno | 252 |
| Falujące zdarzenia | 252 |
| Temat o ścierce | 253 |
| O słońcu | 254 |
| Pomyśl waści co jest w maści | 255 |
| Nowa burda kurda | 256 |
| Koniec marzeń | 257 |
| Na wesoło | 257 |
| Głupio | 258 |
| Oferta | 259 |
| Złowroga cisza | 260 |
| Obedrzeć ze skóry | 261 |
| Potaniało | 262 |

| | |
|---|---|
| Przestroga dla mamy i taty | 263 |
| Rozmowa i słowa | 264 |
| Faceci | 265 |
| Zwierzenia | 266 |
| Odpowiedź na ból | 266 |
| Duszka na spacerze | 267 |
| Nasza orkiestra | 268 |
| Emeryt | 269 |
| Nasza Ciocia Zosia | 271 |
| O kotach | 272 |
| Potargane uczucia | 281 |
| O niczym | 281 |
| Wolni i co dalej | 282 |
| Pieprzna sprawa | 283 |
| Sen babki | 284 |
| Prawda o socjalizmie | 284 |
| Z czasem | 285 |
| Kaprys | 286 |
| Zagrożenia | 287 |
| Wadliwy świat | 287 |
| Lament | 288 |
| Kłopot z natchnieniem | 289 |
| Czekam | 289 |
| Napad podpadł | 290 |
| Lista marzeń | 291 |
| Na przestrzeni czasu | 291 |
| Źle | 292 |
| Tatusia wcięło | 293 |
| Ciemność nocy | 293 |
| Żółte kartki | 294 |
| Czkawka | 294 |
| Oklaski | 295 |
| Chęci | 296 |
| Mocowanie z czasem | 297 |
| Przyglądam się sobie | 297 |
| W locie | 298 |
| Patrz i ucz się | 298 |
| Sześćdziesiąt trzy | 299 |

## Dla odmiany

| | |
|---|---|
| Fachura | 300 |
| Barcelona dzisiaj | 300 |
| Pochwała | 301 |
| Hiszpańskie bułeczki | 301 |
| Kopia | 302 |
| Nowe do napisania | 303 |
| Pączkowe popołudnie | 304 |
| Na Nowy Rok 2019 | 306 |
| Sen i sznurowadło | 307 |
| Czy warto | 308 |
| Chcesz być sobą | 309 |
| Po co ci to | 310 |
| Tempo życia | 311 |
| Chciwość | 311 |
| Walentynki w Małej Polsce | 312 |
| Nasze Polskie Walentynki | 313 |
| Gdzie się spotkają J i T | 314 |
| Pokrótce turbulencje kulturowe | 314 |
| Być albo nie być | 318 |
| Obiecanka | 319 |
| Codzienność | 320 |
| W tej ciszy | 321 |
| Święto kobiet | 322 |

www.ingramcontent.com/pod-product-compliance
Lightning Source LLC
Chambersburg PA
CBHW071952070526
44583CB00015B/1159